行政管理与事业单位人力资源管理的发展与融合研究

吴卫卫　陈　玮◎主编

北方联合出版传媒(集团)股份有限公司
万卷出版有限责任公司

图书在版编目（CIP）数据

行政管理与事业单位人力资源管理的发展与融合研究 / 吴卫卫，陈玮主编. -- 沈阳 : 万卷出版有限责任公司，2024. 10. -- ISBN 978-7-5470-6652-2

Ⅰ. D630.3

中国国家版本馆 CIP 数据核字第 2024VK1666 号

出版发行：北方联合出版传媒（集团）股份有限公司
　　　　　万卷出版有限责任公司
　　　　　（地址：沈阳市和平区十一纬路29号　邮编：110003）
印 刷 者：济南文达印务有限公司
经 销 者：全国新华书店
幅面尺寸：170mm × 240mm　　1/16
字　　数：200千字
印　　张：12.5
出版时间：2025年1月第1版
印刷时间：2025年1月第1次印刷
责任编辑：朱婷婷
责任校对：张　莹
装帧设计：瑞天书刊
ISBN 978-7-5470-6652-2
定　　价：48.00元
联系电话：024-23284090
传　　真：024-23284448

#《行政管理与事业单位人力资源管理的发展与融合研究》

编委会

主　编

吴卫卫　上饶师范学院法商学院

陈　玮　西安市卫生学校

副主编

巫　焕　河南牧业经济学院 工商管理学院

李伟慧　浙江荣盛控股集团有限公司

前言

行政管理，包括公共行政管理与一般的行政管理。公共行政管理是指运用国家权力对社会事务的一种管理活动；一般的行政管理是指国家行政机构、企业、事业单位与其他非营利组织中运用相关的制度、法规与政策所进行的管理活动。

行政管理的核心在于通过运用科学的管理思想、原理和方法，实现高效、精准的管理，以优化资源配置，减少浪费，提升管理效果、管理效率和综合效益，从而助力组织达成其战略目标。

在达成行政管理核心目标的过程中，基于人才的因素至关重要。行政体制与机制的设计、政策的设计与制定以及具体管理活动的实施，均离不开人才的支持。因此，各类组织需根据既定目标，对所属人力资源进行战略规划、甄选录用、培训开发、薪酬管理、绩效评估及权利保障等一系列人力资源管理活动，以确保行政管理的顺利进行和组织战略目标的实现。

基于此，本书深入探讨了行政管理与人力资源管理的历史脉络，以及二者在实践中的共融发展趋势。在行政管理方面，通过基本的概念和历史发展展现了行政管理理念的不断进步和创新；在人力资源管理方面，着重探讨了人力资源管理理论的发展及其在事业单位组织运营中的关键作用；在两者基础上，探讨行政与人力资源管理的变革创新和实践路径，为现代组织实现高效运营和持续发展提供了有益参考。

本书由吴卫卫、陈玮任主编，负责章节大纲及内容的编写；巫焕、李伟慧任副主编，负责本书校对和统稿。具体分工如下：吴卫卫负责第一章至第五章的编写；陈玮负责第六章至第十章的编写。由于编者水平与精力有限，本书编写过程中难免出现不足之处，敬请批评指正，并提出宝贵修改意见。

本书不仅适合行政管理与人力资源管理领域的学者与研究人员，也对政府机关、企事业单位的管理者及相关从业人员具有重要参考价值，从而更好地应对新时代的管理挑战。

由于管理工作的日新月异，行政和人力资源管理需要随着社会的发展而发展，我们在力保本书具备实用性的同时，也注意紧跟时代潮流。由于作者水平所限，书中难免存在疏漏之处，敬请广大读者提出宝贵意见。

目　录

第一章　行政管理概述

第一节　行政管理的基本概念

一、行政与行政管理

行政管理是日常生活中常见的概念，但许多人对其定义和特点缺乏清晰的理解。行政管理涉及对行政的定义、特点以及其学科特性等多个方面。为了更好地认识和应用行政管理，有必要对这些基本问题进行系统梳理、深入分析和全面探讨，以便形成一个明确和全面的认知体系。

在《说文解字》中，“行”字系象形，由“彳”与“亍”两部分组成。其中，“彳”象征人的双腿（三骨相连）之站立姿态，而“亍”则描绘了向前行进的动态。因此，“行”字的本意即指人在行进之中，进而引申为“运行”与“推行”之意。同样，“行政”一词中的“政”字亦源自象形文字，它由“正”与“攴”两部分构成。“正”字寓意正确之事或正道，而“攴”字则描绘了人持鞭击打的形象，象征着统治者以鞭策手段引导民众走向正道，进而引申为督促与引导民众从事正确之事。将“行政”二字连用，即指将国家政务（统治之事）广泛推行。

关于“行政”一词的起源，其历史可追溯至春秋时期。如左丘明所著的《左传》中即有“行其政事”“行其政令”之记载；西汉司马迁所撰《史记》

亦载："帝太甲既立三年，不明，暴虐，不遵汤法，乱德，于是伊尹放之于桐宫。三年，伊尹摄行政当国，以朝诸侯。"在此，"行政"一词意指掌握国家政权、推行政府法令。因此，我国古代对于"行政"一词的理解，多侧重于执掌政务、处理政事之义。

在英语语境中，"行政"对应的英文为"administration"，其含义广泛，包括侍奉、执行、供应、统治等多重维度。据《牛津词典》所述，"administration"被界定为："一种执行性活动，涉及事务处理、指导或指挥执行、资源利用或经营管理等行为。"由此可见，在早期的西方语境中，"行政"一词的使用并未特指行为主体，也未限定其适用范围，仅限于政府领域。然而，在古希腊时期，亚里士多德曾将"行政"概念应用于国家治理的阐述中，他视行政为国家事务管理的重要行为。随着威尔逊的《行政学之研究》一书的发表，"行政"一词逐渐与政府事务紧密相连，成为国家治理不可或缺的一环。

因此，无论是中国还是西方，对于"行政"这一概念的理解都逐渐聚焦于政府事务的执行与管理，其核心意义均指向国家事务的落实与管理。随着社会的不断进步，国家事务的管理与执行变得越发复杂，学术界对行政的定义也日益多元化，且因观察角度的不同而呈现差异。然而，总体来看，对于"行政"的定义主要集中在以下三个方面：

（一）从政府的组织结构角度定义

从政府组织架构的维度来阐释，主流理论观点为"三权分立论"。此观点以现代资本主义国家的构建原则为基石，依据政府组织架构来界定行政边界，将行政视为立法、司法与行政三权中的行政权及其行使范畴，明确行政的范围仅限于行政机关的职责范围，并严格区分行政活动与其他立法、司法活动。美国学者魏洛毕亦持此观点，认为行政涵盖政府组织中行政机关所管辖的各项事务。这一观点既明确了行政主体为行政机关人员，又界定了行政内容即行政机关所处理的事务。然而，随着西方资本主义国家行政权力的日益扩张及三权间的相互交融，行政、立法与司法活动间的界限越发模糊，单

纯以组织架构来界定行政边界的做法逐渐失去明确性。这一观点在行政定义上具有显著特点，被部分学者视作“小政府”理念的体现。

与此同时，以劳埃德和菲利克斯·尼格罗为代表的美国学者提出了“大政府”的理念，主张“行政涵盖执行、立法、司法三大部门及其相互作用”，认为行政是政府机构在社会事务管理中的综合活动，并非仅限于行政机关。此观点虽更贴近现实，但也易导致行政主体与内容的混淆。鉴于各国实际组织架构的差异，仅从政府组织架构角度界定行政存在一定的局限性。

（二）从政治和行政的关系角度定义

从政治与行政的相互关系出发，主流的学术观点即为“政治—行政二分说”。该学说的主要代表人物是美国的威尔逊和古德诺。威尔逊在《行政之研究》一书中明确指出，政治涉及国家层面的重大决策和活动，由政治家主导；而行政则侧重于国家具体事务的执行，由行政人员负责。他认为，政治与行政是不同主体在不同层面开展的活动。然而，这一观点亦面临一定质疑，有学者认为政治与行政在现实中难以完全分离，二者具有天然联系。对此，古德诺在《政治与行政：关于政府的研究》一书中提出，政治是国家意志的表达和政策制定的过程，而行政则是国家意志的执行和政策落实的手段。古德诺虽区分了政治与行政，但亦强调二者之间的紧密联系，即两者均围绕国家意志的实现而展开，且行政服务于政治，受政治指导。这一“政治—行政二分说”的提出，为行政学的独立发展奠定了理论基础，有助于行政学科的体系化、规范化发展。

（三）从管理的职能角度定义

从管理的职能视角出发，打破了原有理论中行政主体仅限于公共部门的界限，明确指出行政主体既涵盖公共部门，也涵盖私人部门。这意味着行政事务不仅涉及政府组织的事务处理活动和管理活动，还涵盖了非政府组织的相关内容。

19 世纪末至 20 世纪初，科学管理理论应运而生，其对于提升工业生产效率的需求，促使学界深入探索人与人之间、人与生产资料之间的协调关系。美国学者泰勒在其著作《科学管理原理》中明确指出，分工协作和标准化生产是提高工业生产效率的关键途径。受此影响，部分学者将工业生产中的管理理论引入行政学领域。美国学者怀特在《行政学导论》中强调，行政是实现既定目标而进行的指挥、控制和协调活动。德怀特·沃尔多的“管理说”亦指出，行政是高度理性的人类合作与努力的体现。古立克的“七职能说”将行政的具体运作过程细化为计划、组织、用人、指挥、协调、报告和预算七个方面。西蒙在此基础上进一步指出，行政是利用集体力量达成特定目标的实践活动。这些定义均凸显了行政在协调人与人、人与物质资料关系方面的重要性，通过分工合作、标准化生产和集体力量，实现了效率的提升。将效率和标准化引入行政领域，不仅深化了我们对行政的科学认识，也拓宽了行政研究的视野，使公众意识到行政活动并非仅限于公共部门，私人部门同样具备存在价值。然而，这也在一定程度上忽视了行政活动除效率之外的其他目标追求，将其与工业生产的管理活动相提并论，模糊了公共行政行为与企业行政管理行为之间的界限，从而掩盖了行政活动的独特性质。

综上所述，行政是以执行机关为主体，通过人员调配、资源协调等方式，旨在执行和实现集体意志的实践活动。基于此，广义的行政管理可定义为政府、企业等组织为实现组织意志，在事务处理过程中所开展的领导、人事安排、决策制定等一系列人员调配、资源协调的实践活动；而狭义的行政管理特指政府为贯彻国家意志，运用国家权力，对国家资源进行调配的实践活动。在多数情境中，为强调其公共属性并区分行政管理与企业行政管理，更倾向于采用狭义的行政管理定义。

二、行政管理学

依据对行政管理的权威阐述，行政管理学旨在深入探索政府运用国家权

力对社会事务、国家事务以及政府机关内部事务进行处理与管理的规律。此学科源于人类社会的实践活动，呈现出鲜明的综合性特点。对行政管理学的研究内容、方法及学科特质的系统梳理，有助于我们全面而准确地把握这一学科的精髓。

（一）行政管理学的研究内容

1.行政管理的理论研究

行政管理的理论研究主要涵盖两方面内容：一是对行政管理学的历史溯源。作为一门兼具综合性和应用性的学科，行政管理学承载着深厚的历史底蕴。通过对其起源、形成及发展历程的深入剖析，我们能够总结规律，以史为鉴；二是对行政管理学一般原理的探讨。行政管理作为一项实践性极强的活动，其产生、实施与发展均遵循着一定的逻辑体系。这一体系的核心即行政管理学的一般原理，它构成了行政管理活动的基本原则、方法和准则，是行政管理学学科发展的基石。

2.行政管理的主体研究

行政管理的主体涵盖行政职能、行政组织、行政领导及行政人员等方面，这些要素在行政管理实施过程中相互交织，形成了一个严密的逻辑体系。国家政府的行政职能要求行政组织在体制框架内充分发挥其行政效能，而行政领导与行政人员则是这一体系内推动行政管理开展的关键力量。因此，深入研究行政主体，对于促进行政职能的有效发挥，推动行政管理学科的持续进步，具有重要意义。

3.行政管理的流程研究

行政管理主体之间的紧密联系，是通过严谨规范的行政管理流程得以构建的，涵盖了行政计划、行政执行、行政监督以及行政改革等关键环节，这些环节共同构成了行政管理的完整运行体系。深入探究这一运行体系，有助于我们更为清晰地理解行政管理流程中的内在逻辑，凸显行政管理的独特性，从而将其与一般管理活动明确区分开，推动行政管理向更加系统、科学的方向发展。

4.行政管理的影响因素研究

行政管理的广泛领域性决定了其推进过程受到多方面因素的深刻影响，包括但不限于行政环境、财务行政、行政法治、行政方法及行政道德等要素。这些因素在各自的发展进程中，对行政管理的实施产生了不同程度的正面或负面效应。深入研究行政管理的影响因素，对于确保行政管理的顺利推进和高效实施，具有重要的保障作用。

（二）行政管理学的研究方法

在马克思主义辩证唯物主义和历史唯物主义的指引下，紧密结合我国国情和行政管理发展的现实状况，积极吸收并借鉴国外行政管理的先进经验，我国行政管理学已构建起一套与我国国情高度契合的研究体系。作为一门具有鲜明实践特色的应用型学科，行政管理学源于实践，其理论亦需回归实践。因此，行政管理学的研究务必遵循科学的研究方法，以推动行政管理的理论与实践取得新发展。本文将系统阐述四种主要研究方法。

1.系统研究法

系统研究法，其根源可追溯至系统工程理论，它着重强调对事物系统性的深入研究。在运用此方法时，必须将研究对象纳入系统的框架内，从整体视角出发，深入探讨其内在的联系与结构。具体到行政管理领域，我们应当将其视为一个完整的系统，深入剖析其结构、功能以及各要素间的相互关联，同时关注系统与环境间的交流互动与平衡关系。通过此方法，我们能够更加准确地把握行政管理的内在规律，从而为实现行政管理实施方案的最优化和结果的最优化提供有力支撑。行政管理作为一个动态运行的系统，其研究不仅需关注静态的系统构成，更应深入分析其动态的系统运行以及系统自身与环境的信息反馈机制。

2.实证分析法

实证分析法，亦称为事实研究法或行政调研法，其涵盖调查研究法、模

拟实验法及个案研究法等多重维度。该方法聚焦于对特定真实的行政事件或行政问题的深入调研、模拟实验及案例剖析，并基于翔实的信息与数据展开系统分析，进而揭示相关行政管理事件或具体行政问题的内在规律与解决方案，并将其作为指导行政管理工作的实践指南。在运用实证分析方法时，强调研究者须以具体问题为出发点，深入事件与问题本质，因此研究成果的普遍适用性在一定程度上受限于具体情境。故在采纳此研究方法时，务必重视同类问题的比较研究，以期探寻出其中的普适性原理与规律。

3.比较研究法

比较研究法主要聚焦于对国家行政管理实践的深入比较分析。其研究途径涵盖两个层面：首先，对同一国家内部行政制度、行政模式及公共政策等进行纵向的深入剖析；其次，对同一时期不同国家行政管理实践的横向对比研究。通过对不同历史阶段和不同主体的行政管理实践进行系统研究，旨在汲取历史经验，去芜存菁；同时，拓宽视野，借鉴不同政府主体的先进管理经验，推动政府在行政理念、行政制度、行政手段等方面的创新与提升，以实现更为高效、优质的政府管理。

需要强调的是，行政管理研究的出发点源于实践需求，不同社会文化背景对行政管理的实施具有显著影响。因此，在运用比较研究法时，必须紧密结合政府所处的社会背景和文化环境，确保研究的针对性和实效性，避免脱离实际空谈行政管理。

4.理论与实际相结合的研究方法

行政管理作为实践的结晶，其研究务必坚持理论与实践的紧密结合，即运用唯物辩证的研究方法。这要求我们在行政管理与其他事务的普遍联系和持续发展中进行深入探究，密切关注行政管理实施时的具体国情、经济基础、文化背景等因素，并将行政管理研究所揭示的一般原理和理论，与国家的具体行政管理实践相结合。特别是在我国改革开放的伟大征程中，更应紧密结合当前改革开放的实际难点和重点，将研究成果应用于改革开放实践，发挥理论的指导引领作用，从而推动我国行政管理生态的持续健康发展。

（三）行政管理学的研究意义

在当前科学技术、文化、经济迅猛发展的时代背景下，国际竞争日趋激烈。高效且高质量的行政管理，不仅对于提升国家综合实力具有重要意义，更是增进人民福祉的关键所在。因此，深入学习和研究行政管理，具有举足轻重的战略价值。

1.学习和研究行政管理是增强我国综合国力的需要

当前，国际竞争的核心已聚焦于经济和科技领域的综合国力较量。同时，冷战思维、霸权主义等多重因素，持续对国家发展构成严峻挑战，因而，提升国家综合国力显得尤为紧迫。

随着经济和科技的迅猛进步，国家的文化、教育、商贸等领域均实现了质与量的跃升。确保这些变化能沿着既定方向稳步推进的关键在于国家行政体制如何有效适应并发挥支撑作用，进而推动社会经济、科技的健康发展，服务于国家综合国力的整体提升。因此，深入研究行政管理学，深刻理解和把握行政管理的基本规律，对于优化国家行政管理体系、提升管理水平、实现管理手段的现代化，具有极其重要的意义。

2.学习和研究行政管理学是我国体制改革的需要

在我国社会主义初级阶段，体制改革是一项基本而重大的任务。当前，我国经济体制改革已取得显著成效，但为确保其持续稳健发展，行政管理体制改革必须同步推进。因此，行政管理体制改革已成为当前体制改革的重中之重。鉴于其涉及领域的广泛性和影响因素的复杂性，改革过程中也面临诸多挑战和难点。行政管理作为政治体制改革的关键环节，要求我们持续深入学习和研究行政管理学，将最新理论成果有效转化为行政管理体制改革的实践动力，为改革提供坚实的理论指导和智力支持，从而推动行政管理体制改革不断迈向新的深度和广度。

3.学习和研究行政管理学是更好为人民服务的需要

在社会主义伟大事业中，人民群众是国家的根本，国家的权力和行政职

能的履行，始终应当围绕人民群众的需求展开。然而，在高速发展的社会轨道上，人民需求日益多元化、复杂化，既有的行政管理制度和方法已无法全面适应这一变化。同时，部分行政人员因自身素质与社会发展步伐的不匹配，难以有效满足人民的服务需求。

鉴于此，为了切实提升人民群众的获得感、幸福感和安全感，我们必须高度重视行政管理学的研究和学习。此举不仅能提升行政人员的专业素养，确保其具备服务人民的基本素质和能力；同时，也能推动行政体制的完善和管理手段的现代化，为更好地服务人民提供坚实的政策保障和环境支持。

第二节　行政管理原理及原则

一、行政管理原理的内涵

行政管理原理源自对行政管理实践的深刻洞察与研究，通过对行政管理现象及行为的细致观察与分析，揭示出行政管理的本质和基本规律。这一原理的形成，正是对行政管理实践经验的总结与提炼。

在将行政管理原理应用于实践的过程中，我们必须紧密结合本国国情，确保其适应性与针对性。因此，我们需深入学习行政管理的原理，准确把握行政管理活动的基本规律，明确行政管理实践与原理之间的内在联系。在此基础上，将行政管理原理具体化为切实可行的行政管理原则，用以指导行政管理实践的深入开展，确保行政管理的科学性与有效性。

二、行政管理原理及原则

（一）系统原理

系统，即由两个或两个以上要素构成、具备特定功能的有机统一体。在行政管理实践中，系统原理着重强调行政管理对象、活动等核心要素之间的紧密关联性。为确保行政管理的高效实施，必须深入探究这些要素之间的内在联系，通过系统分析，全面把握其相互关联的规律性，进而对要素间的结构构成进行整体统筹与科学规划，以实现管理效能的显著提升与优化。

1.系统特征

（1）目的性。整合行政管理的各个要素，构建一个系统，旨在确保行政管理的有效性和高效性。任何系统的设立都有其明确目标，而每一个系统也都有着自身独特的追求。即使系统内包含多个目标各异、独立运作的子系统，它们也都是在共同目标的指引下相互协作、相互联系的。然而，在实际操作中，由于种种原因，部分子系统在目标设定上存在缺失，这无疑会对整个系统的正常运作和功能的充分发挥产生负面影响，甚至导致系统内部的消耗和冲突，进而对系统的稳定性和长远发展构成严重威胁。因此，为确保系统目标的顺利实现，需要在组织、构建和调整系统结构的过程中，着重强调子系统（单元）对系统整体目标的服从和配合。同时，需要对系统中的各个单元进行及时调整和优化，确保每个单元都具备明确的功能定位，每个子系统都能为系统总目标的实现贡献自己的力量。

（2）整体性。系统由多个子系统组成，目标性要求这些子系统虽各具特色，但必须紧密相连，形成一个不可分割的有机整体，共同致力于一个核心目标的实现。在整体性的指导下，系统的各部分应服从整体共同目标，并在整体统一协调下，按照既定规则有序运行。然而，整体与部分之间的利益关系并非始终一致，其间存在复杂的交织关系。在某些情况下，可能需要牺牲部分利益，以确保系统总体功能的最优化。换言之，过度追求个体利益的最

大化，并不等同于整体利益的最大化。因此，在推动系统整体功能实现的过程中，我们不应忽视部分需求，而应树立系统思维和全局观念，全面规划系统的构建与运行，确保各部分紧密协作，共同迈向既定目标。

（3）层次性。系统内各子系统之间的关系错综复杂，若不明确其结构，将对系统运行效益造成不利影响。因此，为确保部分与整体功能的充分发挥，系统结构必须具备明确的层次性。每个层次的子系统都有其独特的功能和作用，且各自的任务、职责和权限需明确界定。系统内层次间的联系主要分为两类：一是同一层次内各子系统之间的内部关联；二是不同层次间上下级的垂直联系。具体到国家行政管理体系中，这体现为宏观管理与微观管理的关系。宏观管理由国家或政府主导，对全国系统运行进行整体规划，而微观管理则在国家或政府的指导下，各单位在政策框架内根据实际情况进行自主管理调控。

（4）动态性。任何系统均无法脱离其所处环境而独立运作，其运行过程必然伴随着动态的发展变化。在此过程中，系统需持续与外界进行信息、物质、能量的交互；同时，系统内部亦非静止不变，其自身亦会经历发展变化，这些变化亦将反作用于环境，形成一个双向的反馈机制。因此，行政管理工作作为一项系统性极强的任务，不应墨守成规，而应依据地域、时势、人员等因素的变化，持续进行适应性调整，以更好地适应环境。系统的动态环境协调能力和适应能力，是其能够在复杂环境中长期生存与持续发展的关键要素；且这种动态适应性越强，其生命力越强盛。

深入剖析系统的核心特征，旨在协助行政管理者全面把握其管理系统的本质。基于这些特征和实际情况，行政管理者可灵活调整管理策略，确保在系统原理的科学指导下开展行政管理工作，从而最大化行政管理系统的效能。

2.系统原理在行政管理中的应用原则

系统原理强调管理者需遵循系统论，对行政管理系统内的各要素实施全面统筹、动态调整，以确保整体管理目标的达成。在实际管理过程中，应基于具体情境，将系统原理具象化为整分合原则与相对封闭原则。

（1）整分合原则。依据系统论的原理，任何系统均是由多元而相互依存的子系统构成的统一有机体，旨在实现整体目标而协同运作。整分合原则正是基于这样的理论架构而提出的。行政管理者应深刻认识到行政管理系统作为一个整体的特性，并全面把握其整体架构及运行规律，深入分析系统的整体功能、性质、特点等，进而确立科学合理的总体目标，此即所谓“整”；而“分”则意味着任何行政管理任务都应在整体规划和总目标的指引下，对整体进行科学合理的划分，形成各个子系统，并根据各子系统的特性与地位，明确界定其职责与任务；“合”则要求行政管理者在明确分工的基础上，根据实际需要，对系统内各个要素、环节、部分进行统筹协调与整合，确保系统目标的实现。

整分合原则强调管理者必须具备全面的整体观。管理者应以整体优化和系统目标为核心，系统地进行行政管理工作的分工与整合协调。在此过程中，应明确分工并非对系统整体功能的分割，而是基于实际需求对工作职责和范围的合理分配。应避免过分强调分工的界限，以免导致系统脱节，影响整体工作的顺畅进行。同时，分工基础上的协调应以确保行政管理工作的顺利推进为前提，而非部门或人员间责任的推诿。因此，行政管理者在整合协调各子系统工作时，需实施有效的组织管理，积极化解子系统间的矛盾，确保各个环节能够科学、有序、高效地协同运作。

整分合原则的应用凸显了系统的层次性特质，首先从整体视角出发，清晰界定系统的结构与层次布局，进而将各结构和层次进行精细化分解，确保部门和人员职责明确、分工到位，形成各自独立的运行单元，在系统目标的达成过程中发挥关键性作用。

（2）相对封闭原则。相对封闭原则旨在确保行政管理工作在坚持对外开放的基础上，于行政管理系统内部构建一条封闭的循环链，从而使行政管理的各个部门、环节、流程得以有序衔接，形成一个协调统一、自我完善的管理体系。同时，在构建内部封闭体系的同时，必须保持与外部相关系统的紧密联系，实现双方的双向互动和信息交流。因此，行政管理系统的相对封闭

原则体现在管理机构的合理设置、管理活动的规范运行、管理制度的健全完善以及信息系统的有效整合等方面，旨在构建一个具备自适应能力和自我循环机制的管理系统，以保障系统整体目标的顺利实现。

以机构设置和管理活动流程为范例，依据行政管理的规范流程，需构建决策机构、执行机构、监督机构和反馈机构间的严密衔接体系。决策机构应针对问题形成科学的行政决策，并将决策指令精准传达至执行机构；执行机构在接收指令后，应切实负责相关决策的贯彻落实；同时，监督机构需对执行机构的执行情况进行全面监督，并将监督结果及意见及时反馈给反馈机构；反馈机构则应对反馈信息进行深入分析评价，为决策机构提供有价值的反馈建议；决策机构在收到反馈建议后，应据此调整优化决策，并再次传达相应指令，以此形成一个高效闭环的管理系统。

在构建自循环的管理系统过程中，各关键环节亦应构筑严密且相对封闭的运行回路，特别是在人员管理方面。首先，同一结构层次的行政人员，在横向职责权限的划分上需确保相对封闭性，确保各岗位间的职责权限相互衔接，以全面覆盖该结构层次所赋予的全部职责权限。其次，在纵向行政关系的构建上，亦应体现相对封闭性，上级行政管理人员的权责体系中应涵盖下级行政管理人员的权责内容，实现层层衔接、层层负责，从而杜绝行政管理过程中出现职责空转、权限无序的现象，确保问题发生时能迅速找到责任主体，任务得以高效执行，从根本上解决推诿扯皮的问题。

据此，封闭管理原则的应用旨在妥善解决系统内部的相互关系问题，而非着眼于系统与外部环境或其他系统之间的关系处理。外部关系的调和无法通过单纯的内部封闭管理得以实现。行政管理者在采纳此原则时，必须明晰所面对矛盾与问题的本质属性，切忌以偏概全，一概而论。

（二）人本原理

在行政管理系统中，人作为具备主观能动性的核心要素，对于推动行政管理工作的深入开展具有不可或缺的重要作用。鉴于此，必须坚持以人为本的管理理念，将人的因素置于行政管理工作的核心位置，积极调动和激发人的积极性与创造性，将其作为管理工作的根本出发点和落脚点。

1.人本原理概述

人本原理，即确立以人为本的核心思想，在行政管理工作中，我们必须坚持以人民为中心的工作导向，将人民作为行政管理的核心和根本。这一原理强调在行政管理活动中，人民应占据主体地位，并充分发挥其积极作用。根据人本原理，人民在行政管理系统中处于主导地位，其主观能动性决定了行政管理的发展方向。与物力、信息、资源等基本要素相比，人民作为行政管理系统的核心，能够主动掌控并推动行政管理的发展，而非仅仅作为被支配的对象。

人本原理强调，行政管理工作必须牢牢把握“人”这一核心要素。首先，在行政管理系统中，人是最关键的要素，务必充分重视人的权利、需求和发展，尊重人的差异、作用和价值，将人的核心地位贯穿于行政管理全过程。其次，行政管理工作的实施，是以人为主体的实践活动，离开人的参与，社会问题将无从解决，政府机构将失去存在的基础，国家的长治久安、民族的兴旺繁盛、世界的发展进步都将无从谈起。同时，行政管理的最终目标是服务人民，保障人民的生存与发展。在我国，行政管理绝非任何阶级或团体谋取私利的工具，而是全心全意为人民服务的崇高事业。

因此，根据人本原理的核心要义，行政管理者须全力以赴履行“以人为本”的职责，确保在行政管理工作中，人的因素始终占据首要地位，并充分尊重其主体地位。此举旨在激发行政管理工作主体的主人翁意识，促使其积极投身于行政管理之中；同时，亦能增强行政管理对象的配合度，进而推动行政管理的持续优化与健康发展。

2.人本原理在行政管理中的应用原则

（1）能级原则。“能级”概念源于物理学，意指围绕原子核运动的电子，因其能量差异而遵循不同轨道运行，即能量差异决定电子所处的层级。类比于行政管理，个体能力各有差异，犹如能量各异的电子。因此，行政管理应

在既定标准和规范之下，依据个体能力大小，赋予相应职责和岗位，确保人尽其才，形成一套规范化、标准化的能级体系。此为能级原则之要义。

能级原则的应用，首要前提是充分认可并尊重个体差异，即承认人类能力的多样性及差异性。基于这一前提，我们方能科学地对个体进行能级划分，进而构建出合理的能级体系。在此体系中，每个层级所承载的权利、责任、利益及荣誉均有所区别，这恰恰是个人能力水平的直观体现，即个人的能力与其在能级体系中的层级是相互匹配的。然而，值得注意的是，个体在能级体系中的位置并非固定不变。如同电子运动轨道可能因外部因素的干扰而发生变动，能级体系亦会随着个体能力、学识及思想的进步与发展而动态调整。因此，在应用能级原则的过程中要注意以下几点：

一是能级的划分务必在科学理论的引领下精准实施，避免主观臆断和随意操作。各能级的界定与组合应基于客观标准和依据，以确保后续能级系统构建的稳固性。换言之，行政管理结构的构建乃是一项科学严谨的工作，必须遵循科学理论的指导。通常，一个稳固的行政管理结构呈现出正三角形或宝塔形的架构，自上而下划分为四个层次：决策层、管理层、执行层与操作层。这些层次的合理划分与定位，是人才选拔的关键环节，对于人才管理的科学性与有效性具有至关重要的意义。

二是各级能级所承载的权责利应有所区分，同一能级内部则需确保权责利的统一。不同能级的设立，旨在反映各级人员能力的差异，这种差异通过赋予不同能级以相应的权力、职责、利益及荣誉来体现。针对各能级人员，应赋予其与己能力相匹配的职责，并在其完成职责后，给予相应权利与奖励，以及相应荣誉，从而确保层级内部权责利的一致性。此举将极大程度地激发人员的积极性，进一步发挥各能级的主动性和创造性，确保行政管理任务的顺利完成。

三是能级系统展现出动态发展的态势，并具备高度的适应力。首先，能级系统的构建是人才优化配置的基础，我们必须将人才安排在与其能力相匹配的能级岗位上，确保能级与人才能力的高度契合。其次，能级系统作为动态系统，其内部各能级的位置并非固定不变，需根据人才的思想动态、能力提升、学识积累、观念更新等因素进行适时调整。同时，能级系统与环境以及其他能级系统之间存在着密切的输入、输出关系，我们必须根据外部环境的变化或其他能级系统的影响，对能级系统进行调整优化，以增强行政管理系统的适应能力，提高系统抵御风险的能力，从而保障系统的持续生命力。

（2）动力原则。任何运动的持续进行均依赖于源源不断的动力供给，其关键在于寻找到一股强大的推动力，为运动的持久性提供坚实支撑。同理，行政管理作为一项社会性运动，亦需不断催生动力，以确保其有序、稳健且持久的运行。在此过程中，人作为行政管理的核心要素，其动力的不断激发是促进行政管理活动持续运行和发展的重要保障。因此，动力原则明确指出，推动行政管理活动的基本力量源于人，行政管理必须构建一套能充分激发人的工作潜能的动力机制。现代管理学将动力的产生划分为三大类别：

一是物质动力，其核心在于合理的物质报酬、奖励等经济效益，以及公正的升职、调岗等分配或激励制度。适度的物质动力能有效激发人们的积极性和工作热情。然而，物质动力设置过度，则可能引发不当竞争，损害组织氛围。在物质动力的设置上，我们不仅要关注其激励效果，更要确保人们能够获得实实在在、公平合理的物质利益和经济回报。

二是精神动力，是指涵盖理想信念、精神信仰、学术追求、道德情操以及“三观”等在内的精神支撑。精神动力不仅能弥补物质动力设置的不足，其本身亦蕴含巨大潜能。因此，行政管理者需充分满足人员的情感需求，以培养向心力、归属感，进而形成集体意识、集体荣誉感乃至主人翁精神，以助力行政管理工作的高效推进。精神动力的激发，可通过思政教育、团体培训等规范化途径实现，确保精神动力成为个体以及集体的主要驱动力，乃至决定性因素。

三是信息动力，主要是指个体在信息交流与收集中所激发的驱动力。在信息化时代背景下，信息交流与收集已成为每个人的基本技能。积极的信息能够为个人发展提供契机与动力，然而，过量的信息则可能引发信息焦虑与

混乱，进而干扰正常的工作与学习秩序。鉴于此，行政管理者应审慎筛选与控制信息内容、交流机会与渠道，以优化信息收集与交流效率，从而提升行政管理的整体效能。

在行政管理的实际运作中，务必妥善协调物质、精神和信息三大动力要素。然而，这三者的并存并不意味着均等分布，而应坚持以物质动力为基石，充分发挥精神动力和信息动力的引领作用。同时，需精细调控三大动力的激励程度，确保其在行政管理实践中得到科学配置，进而有效激发个体的主观能动性，提升行政管理工作的活力与效能。

（3）激励原则。激励原则即通过运用外部诱因的积极刺激，来充分调动和激发个体的积极性和创造性，进而深入挖掘并发挥个体的内在潜力。与动力原则着重于激发人固有的工作能力有所不同，激励原则更侧重于运用科学方法，激发个体的内在潜能，并通过外部刺激的方式，引导个体将其转化为内在的自驱力，从而更好地发挥个人的积极性、主动性和创造性。

当前，常用的激励类型主要包括以下几点：①目标激励。通过科学设定绩效和工作任务等目标，实施目标管理，以激发个体的内在动力，充分调动其工作积极性。②奖惩激励。根据个体或团队的具体表现，给予相应的表彰或批评，旨在巩固和弘扬优良行为，纠正和消除不良行为。③竞争激励。在管理系统内建立合理、公平的竞争机制，以此激发个体的竞争意识、进取心和积极性。④关怀激励。密切关注人才的期望，满足其合理需求，让个体感受到组织的关怀，从而增强其主人翁意识和归属感。⑤考核激励。建立健全考核和考评机制，将考核结果与个人薪资挂钩，使个体能够充分认识到自身行为的价值，进而为实现更高价值而努力奋斗。

需要提醒的是，在行政管理系统内，面对多样化的对象，组织必须审慎选择并合理配置各类激励措施，如目标激励、强化激励、榜样激励、关怀激励等。同时，不应忽视惩罚机制和危机体验等负面激励在规范个体行为、强化危机意识方面的重要价值。激励的实施应因人、因时、因事、因需而异，确保适宜性和有效性。

（4）行为原则。行为原则强调以科学原理为指引，紧密结合人的行为规律进行精准管理。人的行为，作为思想、感情、动机、思维等多元因素的集中体现，其复杂性和多样性不容忽视。因此，需对人的行为进行深入、全面、细致的调查、了解与分析，进而精准把握其行为规律和特点。基于这些规律和特点，科学制定并有效实施相应的措施和政策，确保其行为与组织目标保持高度一致，从而有力推动组织目标的最终实现。

在现代行政管理体系中，人作为管理的核心，管理者必须正视并妥善处理其正当、合理的客观需求。行为科学理论明确指出，人的需求是动机的源泉，动机则驱动着人的行为。因此，满足人的客观需求，是实施有效行为管理的首要步骤。然而，满足需求并不意味着人员可以无约束地自由行动，更不能依据个人需求和喜好随意选择工作或产生行为。

根据行为管理原则，每个个体的职责任务应当明确，且这些任务需具备具体性和可考核性。对个体任务的考核将直接影响其总体发展，进而约束个体行为，避免工作任务未完成或责任归属不明等问题。同时，对责任履行和任务完成的考核，必须遵循严格的质量要求和标准，并辅以相应的奖惩制度。这是确保行为原则得以有效执行的关键环节，也是推动行政管理行为结果趋向组织目标的有效方式。

（三）动态原理

1.动态原理概述

根据辩证唯物主义的观点，物质是运动的，运动具有绝对性，而静止则表现为相对性。同样地，行政管理也呈现出运动特征。首先，行政管理系统内的各个要素均处于特定的时间和空间范围内，这些要素本身即在不断地运动之中，因此，行政管理会因其构成要素的运动而不断演变和发展。其次，行政管理的对象、手段、主体以及环境，均会随着时间和空间的变化而发生变化。因此，为了达成管理目标，行政管理者必须根据行政管理活动中管理要素和管理环境的变化，及时对行政管理的理念、手段和方法进行调整，实

现因时、因地、因事制宜的管理策略，这就是动态原理的核心要义。

2.动态原理在行政管理中的应用原则

现代管理中，科学技术、信息网络的加入使得行政管理更加瞬息万变，行政管理者需要根据实际情况对管理过程进行调整，保证行政管理指向最终的共同目标。动态原理在行政管理中的应用，主要有两条原则，分别是反馈原则和弹性原则。

（1）反馈原则。反馈是指系统输出端的信息经过处理后返回至输入端，以特定方式调整输入，从而影响系统整体功能的过程。在此过程中，行政管理者应当敏锐捕捉管理过程中的变化，对相关信息进行深入、全面分析，并将分析结果作为决策的重要依据，以确保决策与实际情况高度契合，进而提升决策的科学性和有效性。因此，反馈原则的核心在于充分利用信息资源，基于反馈信息，以灵敏、准确、及时、有效的方式进行行政管理的调整与控制，以确保管理目标得以实现。

反馈原则作为控制论的核心要素，对于行政管理系统具有重要意义。在控制论的指导下，反馈被视为系统运行中不可或缺的一环。其不仅能够检验输出端信息的有效性；同时，反馈所传递的信息也为行政管理者提供了政策调整、行政改进以及体制改革的重要依据。因此，反馈机制对于确保行政管理系统持续稳定、良性运行具有至关重要的作用。

行政管理者在充分利用反馈机制时，需注意以下要素：

一是确保反馈信息源的多元性。任何事物都具有多面性，单一信息来源难以确保信息的客观公正。行政管理者在收集反馈信息时，务必从多个信息源汇集信息，确保信息内容的全面性和广泛性，以便客观反映政策实施的效果和状态。通过此种方式，行政管理者将能够更有效地收集和分析信息，进而实现行政工作的精准修正。

二是确保信息渠道的多样化。行政管理者需肩负起繁重的事务管理职责，因而难以逐一亲自核实各项政策或措施的执行效果。因而，构建多样化的信息收集机制至关重要。这一机制既要确保行政管理工作人员能够积极发声，提供行政流程优化的实时反馈，又要确保群众能够直接表达政策落地的体验感受，为未来的政策调整提供最直接、最真实的数据支持。

三是确保反馈信息的真实性。反馈原则要求信息源的多样性和反馈渠道的广泛化，旨在确保所获取的信息具有高度的客观性和真实性，从而为政策反馈提供坚实的科学依据。因此，行政管理者在收集反馈信息时，必须严格审核、验证信息的真实性，坚决杜绝模糊、不确定、虚假信息的存在，以确保行政管理政策的制定和修正能够基于真实可靠的数据，避免行政管理偏离既定的目标和方向。

（2）弹性原则。行政管理系统的动态性决定了其管理过程可能遭遇意外。同时，行政管理所面临的挑战具有多元性，这些因素之间相互交织、频繁变动，难以精确预测。因此，行政管理者必须深入分析行政管理内外部的各类因素及其潜在影响，在此基础上，为目标设定、计划制定和策略规划预留足够的调整空间。由此提出弹性原则，即要求行政管理者在行政管理过程中，展现高度的适应性和灵活性，以应对系统内外部的变动和突发情况，进而提升组织系统的稳健性和对未来态势的适应与应变能力。

在行政管理体系中，弹性被细分为局部弹性和整体弹性两个方面。局部弹性特指行政管理的各个局部环节和部门应具备的应变能力，即这些环节和部门应当能为实现整体目标而灵活地进行自我调节；而整体弹性则意味着整个行政管理系统应具备适应和应对各种情况变化的能力。值得注意的是，整体弹性的有效发挥，是建立在局部弹性充分发挥的基础之上的；只有当局部弹性得到充分展现，整体弹性才能得以体现。

弹性的应用，对于行政管理系统而言，具有双重意义。一方面，它有助于系统内部实现自我调节和修正，确保管理的持续性和稳定性；另一方面，它能使行政管理系统更好地适应外部环境的变化，从而进行自我优化和调整。因此，在行政管理实践中，应用弹性原则对于维持系统的动态运行具有极其重要的意义。在实施弹性原则时，应当从组织、战略计划和管理者这三个层面进行全面考虑。

一是增强组织弹性。首要任务是确保系统整体在面对外界环境变动时，能够展现出强大的适应能力，主动、高效地采取措施，依据实际情况对系统进行精准调整和优化，确保行政管理始终与既定目标保持一致。同时，系统内部的各环节、各部门亦需增强自身的局部弹性，确保其能够迅速响应整体组织安排，灵活调整自身与子系统间的关系，有效应对各类计划外变动。

二是增强战略计划的弹性。战略计划是行政管理者基于当前实际状况，针对社会问题处理和体制改革等任务所作出的重要决策，必须预先全面考量过程中的环境变量及不可预见因素。然而，鉴于人的理性存在局限性，难以完全预见各类潜在风险。因此，在制定战略计划时，必须深入考量系统环境内外条件的动态变化，为后续的决策执行预留足够的调整空间。换言之，战略计划的编制需保持足够的灵活性，以便行政管理者能够根据变化的环境和系统条件进行适时的调整，避免行政决策陷入僵化状态。

三是增强行政管理者的灵活应变能力。在行政管理的实践中，其过程的弹性主要依赖于人的因素，特别是人们是否能够充分发挥其主观能动性。面对管理过程中涌现的新变化、新问题，人们需要展现出随机应变的能力，并据此作出科学合理的决策。因此，为了提升整个行政系统的弹性，必须着重提升行政管理者的灵活应变能力，确保他们具备应对环境变化和处理突发事件的能力。这必然要求管理者不断加强理论知识的学习，并积累丰富的管理实践经验。

三、我国行政管理的基本原则

（一）服务原则

在我国，服务是政府职能的核心，行政管理的根本宗旨在于全心全意为人民服务。这一原则凸显了“服务精神”在行政管理中的核心地位，因为政府的设立正是基于公民和社会的共同利益，所以服务被视为政府的首要职责。

首先，政府的服务对象为全体公民。鉴于政府权力源于公民的契约与委托，因此，政府应始终以公民利益和社会秩序为重，深刻铭记公民为其服务的首要对象。其次，政府的服务对象是国家。通过行政、经济和法律等多重手段，行政管理旨在维护国家内部的稳定与和谐；同时，借助外交和国防等手段，保护国家安全。最后，行政管理须服务于社会。在遵循国家政策、法律和意志的基础上，行政管理应为社会发展提供有力支持，助力国家实现持续健康发展。

（二）依法管理原则

依法管理是指政府的所有行政活动均须以法律为依据，严格在法律规定范围内行使职权，法律的权威至高无上，不容许任何个人、组织或集团凌驾其上。为推进依法行政，构建法治政府，必须确立法律优先的原则：①在既有法律明文规定的情况下，其他任何法律规范，包括但不限于行政法规、地方性法规和规章，均须与法律保持一致，不得与其相抵触。②政府的一切行政行为必须严格遵循法律依据，确保合法合规。③当政策与法律产生冲突时，政府应坚决维护法律的权威，不得以政策解释为由随意替代法律。④法律优先原则要求政府在决策过程中始终坚守法治精神，依法决策，推动政府决策体制、决策程序、决策方法的法治化进程，不得仅凭热情、主观意志或长官意志轻率决策。⑤政府行为应遵循法定听证程序，严禁“暗箱”操作，确保决策的透明度和公正性。⑥贯彻法律优先原则，需强化政府行政强制执行权，以维护法律的严肃性和权威性。⑦法治政府建设必须紧抓以法律优先意识为核心的精神文明建设，确保政府工作始终在法治轨道上运行。

（三）公开透明原则

公开透明原则强调除涉及保密和个人隐私的敏感信息外，政府所掌握的个人与公共信息须全面、及时地向社会公众披露。政府机关的各项活动，包括立法、执法、资讯提供以及社会服务等均负有向公众开放的法定义务。具

体要求如下：①政府组织的公开透明。政府组织的运作程序和权力架构必须公开透明，以体现政府权力源于人民、服务于人民的宗旨，确保人民对政府事务的知情权和参与权。②政府决策的公开透明。政府决策的制定过程应广泛接受公众、企业的参与和监督，以增强决策的民主性和科学性。③政府管理的公开透明。政府在参与市场管理过程中，应运用市场机制，确保管理行为的公开透明，符合市场经济规律。④行政行为的公开透明。此举旨在促进政治民主化进程，同时加强对政府行为的监督、制约和规范，确保政府行为始终在法治轨道上运行，保障其合法性和合理性。

（四）高效管理原则

一方面，公共行政管理务必以追求高效率为核心。此处的效率特指行政效率，即行政机关及人员在进行行政管理活动时，所取得的劳动成果与社会效益与所投入的人力、物力、财力及时间之间的合理比例关系；另一方面，公共行政管理亦需追求高效能，这主要体现在公共服务目标的达成程度上，如福利状况的显著改善、使用者满意度的提升以及政策目标的实现等。具体要求如下：一是精简政府机构，包括政府人员的精简和政府部门的优化。二是转变政府职能。在角色定位上，政府需进行角色的重新厘定，以实现角色的有效转换；在性质上，政府需从权力的集中代表者转变为公共服务的坚定执行者；在职能上，政府需从维护政治统治转向全面履行社会管理职能；在地位上，政府需从以自我为中心转变为以服务社会为核心；在信念上，政府需从传统的“父母官”角色转变为坚定维护社会公共秩序和忠实代表民意的现代政府。此外，政府管理必须紧跟时代步伐，不断开创政府管理新模式、新方法。

（五）勇于负责原则

即在行使行政权力、开展行政管理活动时，政府必须为自身行为所产生的后果承担起明确的责任，坚决杜绝行政管理的“缺位”“越位”“错位”

现象。政府所要承担的责任主要包括以下几个方面：

一是道德责任。道德责任是指公共行政组织及其公务人员在行使行政权力、管理公共事务、提供公共服务的过程中，必须严格遵循的职业道德准则和承担的道德义务。

二是政治责任。政治责任是指行使公共权力者，因未能履行政治义务而需承担的政治层面的否定性后果。这种责任体现了对政治职责的严格遵循和对公共利益的坚定维护。

三是行政责任。当行政主体及其公务人员因违法行使职权而引发行政责任时，我们坚持以补救为主要手段。这些补救措施包括但不限于进行通报批评以警示他人、赔礼道歉以彰显诚意、立即停止违法行为以消除影响，以及撤销违法决定以恢复法治秩序。

四是赔偿责任。在民主政治体制的框架下，政府致力于为公共利益服务、为公民谋福祉，是法律关系上权利义务的主体之一。当政府机关的行为对人民权益造成侵害时，必须如同其他法人组织一般，承担起相应的侵权赔偿责任，确保权益的公正维护和法律的严肃执行。

第三节　行政管理学的产生与发展

一、行政管理学在西方的发展历程

行政管理学自 19 世纪末诞生以来，经过一个多世纪的深入发展，其理论体系已日臻完善，内涵越发充实。本书以威尔逊的《行政之研究》为起点，依据行政管理学各流派与理论的发展脉络，将行政管理学的演进历程明确划分为以下阶段：

（一）传统公共行政时期（19世纪末—20世纪20年代）

这一特定历史阶段，始于1887年威尔逊发表《行政之研究》，直至科学管理理论兴起之前，其主要研究焦点集中在以政府为主体的行政管理领域，故而被学术界普遍称之为公共行政时期。

1887年，威尔逊在《政治学季刊》上发表《行政之研究》，并在文中提出要建立一门独立的行政学科，因此《行政之研究》被普遍认为是行政管理学的开山之作，威尔逊也被认为是行政管理学的主要学科创始人。在文中，威尔逊强调了建立行政学的重要性，论述了当下行政管理存在的不成体系、缺乏理论指导等问题，要求通过建立行政学体系来指导行政管理的实施。此文中，威尔逊厘清了行政学与政治学的关系，确定了行政学的研究目标和任务。此外，还提出了行政管理的研究方法，并对行政管理的部分具体内容进行了论述，例如人事行政、行政监督等。由此，威尔逊完成了行政管理学的初步学科创设工作。

1900年，美国行政学家古德诺撰写并出版《政治与行政》一书。在威尔逊观点的基础上，古德诺对政治与行政的分离进行了更为深入的阐述。通过对政治与行政各自功能的细致比较，提出了政府体制中存在两种截然不同的政府职能，即“政治”与“行政”的观点，从而更加明确地界定了政治与行政的界限。然而，古德诺也明确指出，政治与行政的分离是职能层面的划分，并不意味着政府机构之间在分工上存在绝对的界限。他强调，应当在政治与行政之间找到恰当的协调点，以确保两者职能得以更加有效地发挥。基于这一认识，古德诺进一步提出了针对美国政府体制改革的建议和设想。这一时期，行政管理学的学科体系得以初步构建，其理论基础亦逐步完善，从而为行政管理的深入发展奠定了坚实基础。

（二）科学管理时期（20世纪20年代—20世纪40年代）

20世纪初美国南北战争之后，资本主义经济呈现出迅猛的发展态势。然而，企业管理能力与劳动生产率却难以同步跟进科技、经济的高速增长。鉴于此，众多学者开始深入工厂、企业展开实验，致力于探索一套科学理论，以提升企业的管理效能与劳动生产水平，并将其应用于实际的工业生产之中。在这一过程中，泰勒的《科学管理原理》与法约尔的《工业管理与一般管理》等著作相继问世，标志着科学管理理论的诞生。《科学管理原理》深刻揭示了工厂劳动生产的分工必要性与管理制度、组织结构构建的重要性，从而显著提升了工厂的生产效率。法约尔则通过对工业管理的深入研究，总结出了一系列普适性的管理理论，既适用于政府公共事务管理，也适用于企业管理。其突出贡献在于提出了包括计划、组织、指挥、协调和控制在内的五大管理职责，以及分工原则、纪律、统一指挥原则等在内的十四条管理原则。科学管理理论的体系化研究与实用性特点，在后续行政管理理论的发展中产生了深远而重要的影响。

1926 年，美国学者怀特所著的《行政学导论》与 1927 年魏洛毕的《行政学原理》相继问世，这标志着行政学正式成为一门独立的学科。在科学管理理论的深刻影响下，行政管理学的研究逐步迈向体系化和实用性。研究重心广泛涵盖行政组织、行政体制、行政方法等多个方面，同时更加注重行政管理的效率提升与制度规范建设。在学科体系的建设过程中，学者们就行政管理的研究目的、方法和管理原则等提出了明确且规范的要求，极大地完善了行政管理的体系结构，使其成为一门领域广泛、内容丰富、作用独特的独立学科。1929 年全美行政学会的成立、1930 年西班牙国际行政科学学会的成立，均表明行政管理学科正逐步迈向体系化、规范化的新阶段。

（三）行为科学时期（20 世纪 40 年代—20 世纪 60 年代）

这一阶段行政管理的显著特点就是行为科学与行政管理的紧密融合。行为科学，作为一门运用应用心理学、社会学、人类学等多学科理论方法，深入剖析人的行为及人际关系的学科，为行政管理领域提供了宝贵的理论支撑。在推动行为科学与行政管理相结合的过程中，巴纳德和西蒙等学者发挥了重

要的引领作用。

1.巴纳德的理论

作为行为科学管理领域的杰出奠基人，巴纳德的理论体系在学术领域具有深远影响。他率先提出了社会人假设、非正式组织理论、组织平衡理论和权威接受理论，这些理论均对现代组织管理产生了深远影响。

在社会人假设中，巴纳德强调，人并非孤立存在，而是作为某一群体或组织的一员而生活。在个体归属于某一组织时，相较于经济报酬，人与人之间的关系以及组织的归属感更能激发个体的行为动力。非正式组织作为这一理论的重要组成部分，在缓解信息焦虑、维护组织内部团结，以及保护个人品德和自尊心等方面均发挥着至关重要的作用。

权威接受理论则指出，领导权威在正式组织发展中占据核心地位，尤其在信息交流方面。然而，巴纳德进一步阐释，权威的大小并非仅取决于领导职位的高低，更在于下属对权威的接受程度。因此，实现组织信息交流的顺畅，关键在于权威能否得到下属的广泛认同和接受。

在组织平衡理论中，巴纳德指出，组织的生存与发展依赖于组织与个体、环境之间的和谐平衡。维持这一平衡是组织管理职能得以有效发挥的关键。巴纳德的理论体系为行政管理学的发展提供了宝贵的理论支撑和实践指导。

2.西蒙的理论

西蒙的杰出贡献是将行为科学成功引入并深度融合于行政管理学，从而创立了崭新的理论学派——行为主义学派。该学派主要由行政学研究方法论、行政决策理论和行政组织理论三个部分组成。西蒙的理论深受逻辑实证主义的影响，坚持价值中立的研究取向，主张在科学研究过程中不对研究对象进行价值判断。此外，西蒙还提出，对复杂整体现象的研究需从中提取出基本的分析单位，并深入探究其具体的特殊层次。基于此，西蒙将决策纳入行政管理研究的范畴，以决策行为为切入点，深入剖析行政管理的内在逻辑。

其中，西蒙最为突出的贡献就是提出了有限决策理论。他认为人并非完全理性，所谓“绝对理性的经济人”在现实中并不存在。人的行为依赖于“有限理性”，因此，在决策过程中，应秉持“最优化”准则，并将决策过程细分为情报收集、方案设计、抉择制定和效果评价四个阶段。此外，西蒙还对巴纳德的组织理论进行了深化和完善，特别强调组织设计的重要性，尤其是在层级结构设置和专业分工安排等方面。

尽管后续学界对西蒙等人的理论仍存在争议，但不可否认的是，将行为科学融入行政管理研究之中，确实极大推动了行政管理学的进步。一方面，行为科学时期显著提升了人在行政管理中的核心地位，并深入探讨了人的需求在其中的作用；另一方面，该阶段的研究以事实为依据，使理论更加贴近实际，为行政管理实践提供了更为切实的指导。

（四）系统科学时期（20 世纪 60 年代至今）

20世纪60年代起,行政管理学的发展呈现出多学科交叉融合应用的态势。自然科学、社会学和现代技术等众多学科理论和方法纷纷融入行政管理的研究范畴，不仅拓宽了行政管理学的研究视野，更推动其迈入了一个全新的历史阶段。

随着不同学科研究方法的引入和跨学科背景研究者的参与，行政管理学领域涌现出众多流派和学说，形成了百家争鸣的繁荣局面。其中，公共政策学和公共管理学等理论相继兴起，为行政管理学的深入发展提供了有力支撑。

在研究内容上，行政管理学主要呈现出两大特点：首先，它更加关注行政管理实践中遇到的实际问题，积极借鉴工商行政管理等领域的成功经验和理论，将其引入行政管理研究中，从而拓宽了行政管理研究的广度；其次，行政管理学进一步深入探讨了行政管理的本质问题，强调了公民在行政管理中的重要作用，推动了行政管理研究向更深层次拓展。

在长达一个多世纪的发展历程中，行政管理学的研究体系与理论成果均取得了飞跃性发展。这一理论进步不仅深刻影响了西方国家的行政管理生态，同时也对我国行政管理学产生了重要影响。

二、行政管理学在中国的发展

作为四大文明古国之一，中国拥有悠久的行政管理实践历程。诸如战国时的御史监察制度、秦朝的郡县制、隋朝的科举制等。在行政管理实践过程中，国家管理思想、学说及经验总结得以丰富和传承，如《论语》中的《为政》篇、《资治通鉴》以及《二十四史》等经典著作，均体现了我国在行政管理领域的深厚底蕴。然而，由于历史原因，我国古代的行政思想与政治思想、伦理思想相互交织，界限并不明晰，因此尚未形成独立的行政管理学科体系。

我国现代行政管理学的形成，源自对西方理论的引进与融合。19 世纪末，著名学者梁启超在《论译书》中明确指出："我国公职人员应致力于学习行政学。"随后，黄昌源、程郯芳、陈思谦等先驱者积极翻译并引入国外行政管理领域的经典著作，如《行海要术》《行政纲目》《行政学总论》《行政法撮要》等，有力推动了西方行政管理思想在我国的传播。20 世纪 30 年代后，我国逐渐对行政管理学展开系统性的研究，并陆续诞生了龚祥瑞与楼邦彦合著的《欧美管理制度》、张金鉴的《行政学的理论与实际》、江康的《行政学原理》等一系列具有深远影响的学术著作，这些著作都对当时行政管理的研究产生了较大的影响。

随着我国对行政管理学系统研究的深入，自 20 世纪 30 年代起，国内部分高校陆续开设了行政学相关专业。20 世纪 50 年代，因全国高校院系调整，政治学与行政学相关专业被撤销，行政管理学的教育与研究工作停滞，并持续了近 30 年。20 世纪 80 年代前后，随着改革开放的不断深化，中国政治学学会、全国行政管理教学研究会、中国行政管理学会相继成立，为我国政治学与行政学的研究与发展奠定了坚实基础。

1985 年，在国家教育委员会的指导下，武汉大学、郑州大学等高校开始正式筹划行政管理专业的招生工作。自此，我国行政管理学的研究与教育工作进入了一个新的发展阶段，众多高校纷纷设立相关专业与课程，以培养更多行政管理领域的专业人才。同时，为提升公务人员的专业能力和职业素养，国家开始设立行政管理干部学院，并将行政管理作为必修课。1988 年，《中国行政管理》创刊，标志着我国行政管理学作为一门独立学科的创建工作取得了初步成效。

随后，在学术界的不懈努力与国家的大力扶持下，行政管理学在理论研究、学科建设及人才培养等层面均取得了显著成效。随着改革开放的深入推进，行政管理学在行政体制完善、宏观调控优化、社会治理革新等方面的研究亦日趋深入。作为一门实用性强的学科，行政管理学与行政改革实践紧密结合，这已成为推动该学科持续发展的有效路径。国内行政管理学科发展的良好态势与国际学术交流的积极互动，共同促进了该学科的健康发展。国外优秀著作不断被译成中文出版，我国行政管理的本土化研究亦日益受到国际学者的认可。随着国家现代化进程的加速，行政管理学学科必将展现出更加旺盛的生命力。

第二章　行政管理职能

行政管理工作是一项至关重要的综合性工作，其复杂性和琐碎性不容忽视。尽管这些工作看似繁多且不起眼，但它们对于组织的有效运转和持续发展具有决定性的影响。行政管理的运行职能主要体现在将既定的计划方案转化为实际行动的过程中，通过优化组织结构和权责关系，合理调配和安排组织内部的各种资源和人员。这包括行政计划、行政决策、行政领导、行政沟通和行政创新等多个方面。行政管理职能的核心目标是为组织的核心业务提供有力支持，确保组织的稳定与成长，同时加强组织内部各要素之间的沟通与协调，激发组织的创新活力，推动组织不断向前发展。

第一节　行政计划

一、行政计划的含义

行政计划，是指行政机关为在未来特定时限内达成既定目标或实现特定构想，而预先对达成该目标或实现该构想所需采取的方法、步骤和措施进行周密的规划与设计，并据此制定详尽的实施步骤与方法规划。行政计划旨在确保行政工作的系统性和有序性，以严谨规范的方式推进各项任务的落实与完成。

行政决策所设定的目标，务必通过精心制定并严格执行相应的行政计划方能得以实现。缺乏明确的计划，将导致组织、执行、控制、监督等各个环节失去明确的标准和依据，从而无法有效实施。行政计划的特点主要体现在以下几个方面：

一是预见性。预见性是行政计划的核心特征之一。行政计划并非仅是对既成事实与现状的简单陈述，而是着重于在行动实施之前，对即将展开的任务、目标、方法以及措施进行前瞻性的规划与确认。

二是针对性。行政计划的制定，一方面严格遵循组织的方针政策以及上级部门的具体工作安排和明确指示精神，另一方面则紧密结合本单位的具体工作任务、主客观条件和实际能力。

三是可接受性。行政计划的顺利实施，有赖于各部门的全面理解、积极认可与密切协作。鉴于各部门人员专业背景各异，对计划的理解可能存在差异，因此，在制定行政计划时，必须充分考量各部门人员对计划的理解程度与接受程度，确保计划的一致性和可行性。

四是可行性。可行性是与预见性和针对性紧密相连的，只有制定准确、针对性强的计划，才能在现实操作中确保真正的可行性。

五是约束性。行政计划一旦经过审核、批准或确认，即在规定范围内具有强制性的约束效力。在此范围内，无论是集体还是个人，均应严格按照计划内容执行工作和活动，严禁任何形式的违背和延误。

二、行政计划的作用

（一）计划是组织生存与发展的纲领

当前，我们正处在一个经济、政治、技术、社会变革与发展的关键时期，这一时期既孕育着前所未有的机遇，也伴随着不容忽视的风险挑战，特别是在市场竞争、资源争夺、势力范围拓展等方面尤为突出。若缺乏周密的规划

或根本无规划，就可能导致严重后果。

（二）计划是组织协调的前提

在现代社会，各行各业的组织及其内部组成部分之间的分工日趋细致，过程日益复杂化，对协调关系的要求越发严谨。为把这些繁杂的有机体科学有序地组织起来，亟须制定一套严密周详的计划。

（三）计划是指挥实施的准则

计划的本质在于明确目标，并规定实现这些目标的路径和策略。它作为指导原则，引领着不同空间、不同时间、不同岗位上的个体，围绕一个共同的总目标，有条不紊地推进各自的分目标，确保整体工作的顺利进行。

（四）计划是控制活动的依据

计划作为组织、指挥、协调的先决条件和基本准则，与管理控制活动密不可分。它为各类复杂的管理活动确立了明确的数据基准、尺度要求和操作标准，不仅为控制活动提供了明确的方向指引，更是控制活动得以有效实施的重要依据。

三、行政计划的类型

基于不同的分类标准，行政计划可作如下分类：

按工作、活动领域区分，行政计划涵盖工作计划、生产计划等类别。

从适用范围的角度考虑，行政计划可分为整体行政计划、单位行政计划、班组行政计划等，以适应不同层级的行政需求。

从时间跨度的维度划分，行政计划包括长期行政计划、中期行政计划、短期行政计划，具体可细化为十年计划、五年计划、年度计划、季度计划、月度计划等，以应对不同时间段的行政需求。

从指挥性强弱的角度审视，行政计划可区分为行政指令性计划和行政指导性计划，以体现不同程度的行政指导与调控力度。

根据计划制定者的层次差异，行政计划可分为战略计划、施政计划、作业计划，以体现不同层级在行政计划中的角色与定位。

从计划对象的角度出发，行政计划可细分为综合计划、局部计划、项目计划，以涵盖不同层面的行政目标和需求。

此外，基于涉及面的广度，行政计划还可分为行政综合性计划和行政专题性计划，以适应不同领域的行政需求。

第二节　行政决策

决策，即针对所需解决的问题而进行的行为规划与选择过程。行政决策作为决策的一种重要形式，特指行政机构在履行其行政职能过程中所进行的行为规划与选择。若无行政决策，则国家公共行政行为无从谈起，更无法实现国家对广泛社会生活的引领、调控与管理，政府亦将失去其基础功能与存在的价值。正是基于这样的认识，行政决策理论的奠基人、美国的西蒙教授明确指出，决策乃公共行政学与公共行政管理的核心所在，管理即决策，行政的推进即决策的推进。

一、行政决策的含义

行政决策，是基于行政组织的既定目标，深入研讨各类问题的解决方案。在此过程中，行政首长（即决策者）需充分发挥其智慧、经验与判断力，全面考量环境因素及配合条件，进而择定一种最优的行动方案。简而言之，即在众多可行的策略中，遴选出最为适宜、最为有效的方案。

二、行政决策的要素

行政决策的要素与普通决策的要素既存在共性，又具有独特性。一个全面且合理的行政决策，必须同时囊括五个核心要素，缺一不可。具体而言，行政决策主要包括以下要素：

（一）决策者

决策者，是指依据法定程序被授予行政决策权的行政行为主体，其所享有的决策权作为国家行政权的主要构成与展现形式。在此需明确指出的是，尽管“决策者”这一概念的主体为个人，但人的集合，即人的群体，构成了行政决策的基本形态。从问题的产生，到情报的收集、咨询的提供、方案的制定，直至最终的选择确定，这一系列过程均由群体共同参与完成。缺乏决策者，决策行为便无从谈起，因此，决策者无疑是行政决策的核心要素。

（二）决策对象

决策对象，即决策所针对的客观实体，其本质属性在于其可变性。而决策的核心目标，便是针对这种可变性进行有针对性的调整与优化。行政决策对象相较于其他决策对象，其显著特点在于其全面性，这与现代国家“全能政府”的理念相契合。行政决策的对象涵盖了社会生活的方方面面，每一项行政决策都必然触及社会生活的某一特定领域或层次。若未能触及这些领域或层次，则不能称之为行政决策，而仅是一种认知或思考。

（三）信息

信息是行政决策不可或缺的关键要素，它既是行政决策产生的动因、推动力和前提条件，也是行政决策制定的基础和依据，更是衡量决策质量的标尺。因此，缺乏信息将无法启动决策程序，更无法保障决策结果的有效实施。信息的充分占有对于确保行政决策的准确性、正确性和有效性具有至关重要的影响。

（四）决策理论和方法

在探讨行政决策的过程中，理论与方法共同构成了科学决策可行性与重要性的基石。鉴于现代行政决策对象处于持续动态变化之中，我们必须在严格遵循行政决策规律的基础上，灵活运用一系列准则和技术方法，以确保行政决策既迅速响应，又高效执行。

（五）决策效果

在决策过程中，始终围绕着明确的预期目标进行。决策的制定与实施，必然伴随着相应的结果，这些结果可能积极也可能消极，可能符合期望也可能不尽如人意。因此，效果的考量是决策不可或缺的重要元素。此要素不仅指导着决策的方向，更在一定程度上决定着决策方法的选择，同时能够反映出决策者的专业素养和水平，检验决策方法的科学性、可行性、时效性，以及决策目标的合理性、现实性和社会性。对于行政决策而言，由于其公共性质，追求积极的社会效果更是其根本出发点和核心评判标准。

三、行政决策的准则

行政决策的准则，即为确保行政决策的科学性、合理性、及时性和有效性所必须遵循的规范。这些规范旨在指导行政决策的制定过程，确保决策结果符合公共利益，同时保障行政决策的高效和准确。

（一）实事求是

确保行政决策的科学性，首要条件在于全面、深入地掌握相关信息。因此，我们必须精心收集、严谨分析并合理运用反映实际情况的翔实资料。从这一角度出发，信息的丰富性、精确性和可信度，直接决定了行政决策的科

学性、合理性和可行性，二者呈现出正相关的关系。

（二）科学预测

预测是确保决策科学性的重要环节，同时也是现代行政决策技术方法的核心内容之一。科学决策要求决策主体深入掌握过去与当前的全面信息，并通过对这些信息的精准分析，结合丰富的想象力、严密的逻辑思维和敏锐的判断力，提出并构建关于决策对象及其条件的可能发展趋势和方向，乃至具体情形的全面预测。预测能力不仅是应变能力和决策能力的重要体现，更是为提前采取相应措施提供坚实依据的前提。

（三）明确周详

在决策过程中，必须确保对决策的性质、目标、范围、时效、标准、进程、方式及语义等核心概念和表达进行清晰明确的界定。在可能的情况下，应优先使用数量化的指标来表示，以增强决策的准确性和可量化性。此外，决策方案及其执行的设计应详尽周到，全面考量与该项决策相关联的各个行为主体或因素，确保决策的完备性和全面性。

（四）切实可行

在行政决策的关键环节，我们必须全面考量政治导向、经济发展、文化传承、伦理道德、传统习俗、价值观念、意识形态等多维度的因素，同时不忘政府公信力和群众情绪的稳定，以及利益集团的合理诉求。此外，还需深入评估人力、物力、财力的实际状况，以及执行单位的理解程度和意愿。这一切的考量，旨在确保决策的现实可行性和科学合理性，进而将潜在的可能性转化为切实的成果，以实现决策目标的全面达成。

（五）民主参与

行政决策在名义上虽为行政首长的权力和职责，但实质上，它更是集体智慧的集中体现。特别是在现代国家治理体系中，每一项行政决策都汇聚了多学科的知识与数据，是众多部门与人员协同合作的成果。因此，必须构建以上级与下级、专家与公众共同参与的、多元协作的民主化决策机制，其中行政首长拥有最终决策权。同时，行政组织内部各部门、各层级以及各项业务之间的紧密联系与相互制约的组织关系，也进一步强调了决策过程中民主参与的重要性。

（六）经济效益

经济效益的核心议题，在于实现优化的投入产出比，即确保行政决策及其执行过程中的成本投入低于实际产生的社会经济效益。换言之，这要求决策的正面效应显著超越其潜在的负面影响。经济效益的衡量标准，即收益与成本的差值，直接体现了决策主体的价值导向，而不同的比较基准和评估方式可能会导致截然不同的结论。

（七）优选方案

在决策过程中，确定最优方案是至关重要的一环。这就要求我们严谨地运用相关理论、标准、数据和技术方法，对既有方案进行全面审视和评估，通过审慎的分析、深入的论证和细致的比较，从而筛选出最具优化价值的方案。值得注意的是，在实际操作中，方案的选择往往并非以绝对的最优化为唯一标准，而是更多地以相对满意度作为衡量基准，因为满意标准通常更加贴近现实需求。选择作为现代决策的核心要素，其重要性不言而喻，可以说，没有选择就没有真正的决策。特别是在行政决策领域，由于其涉及广泛的社会层面，因此方案的选择显得尤为重要。

（八）现代技术

在工作实践中，我们着重强调运用现代科技设备和手段，如电脑等，最大化地扩大信息获取量，并显著提升信息处理速度。此举不仅有助于我们及

时把握环境动态和条件变化，更能基于反馈及时作出调整或修正，从而确保决策的时效性和准确性。

（九）应变适应

应变是指对决策潜在问题的深入剖析、科学评价、严密控制、及时预警以及相应应变措施的制定，其核心目的在于有效应对决策过程中可能出现的不利因素。一个成熟完善的决策体系，往往应涵盖应变环节，这在实际操作中通常体现为“备选方案”的设立。而适应则侧重于对变化的灵敏反应与积极调整。鉴于行政决策及其执行过程涵盖的领域广泛，且常需较长时间方能完成，其间的变化难以避免。因此，在决策制定之初，需预留一定的调整空间与灵活性，以应对较小幅度的变化。然而，当变化幅度显著时，则必须采取更为系统的应变策略以妥善处理。

（十）合于法制

在此所指的“法”，是指宪法、法律以及行政法规的总称；而“制”，则涵盖制度、程序与权限等要素。一切决策均须严格遵循法制，特别是行政决策，更须受到既定法制的严格约束。任何背离法制的决策，皆视为失败的决策。不仅如此，违反法制的行政决策，不仅是失败的，更因其缺乏法律依据，而被视为无效。

第三节　行政领导

一、行政领导概述

（一）行政领导的概念

领导，作为一种行为过程，特指在特定环境下，为实现既定的组织目标，领导者对被领导者实施指挥与统筹的实践活动。领导这一概念（leadership）具有多重维度，既指代领导者的角色身份，也涵盖领导职位的设定，同时涉及领导者的行为表现，以及作为一种特殊的社会现象存在。

行政领导，特指在行政组织体系中，经过选举或任命程序获得法定权威的领导者，依法行使行政权力，为实现特定的行政管理目标而展开的组织、决策、指挥、控制等一系列活动的总和。

（二）行政领导的特点

一是完整性。行政领导作为行政管理活动的重要组成部分，其构成包含领导者、被领导者以及环境三大要素，共同构成行政管理的完整体系。

二是执行性。执行性作为行政领导的核心特征，彰显了行政领导在行政管理活动中所具备的高度权威性和决策力。行政领导活动体现了对行政管理的严谨执行和有效落实。

三是政治性。从社会属性视角审视行政领导活动，其政治性特征尤为显著。行政领导在处理方针性、原则性的重大问题时，展现出较强的独立性和决策能力，确保行政管理的正确方向和有效实施。

（三）行政领导在行政管理中的地位和作用

（1）行政领导是行政管理的协调者与统一者，其存在是确保行政管理活

动有序进行的必要保障。

（2）行政领导在行政管理过程中，发挥着至关重要的战略核心作用。

（3）行政领导对于行政管理的成败具有决定性的影响，是确保行政管理取得成功的关键因素。

二、行政领导者的职位、职权和责任

（一）行政领导者的职位

1.行政领导者职位的含义

行政领导者的职位，是依据国家权力机关或国家人事行政部门的法律法规，经规范化程序遴选或任命，以赋予行政领导者特定职务及相应责任的统一体。在此定义中，职务与责任是构成行政领导者职位的两个不可或缺的要素。

2.行政领导者职位的特点

职位的设立以“事务”为核心进行明确界定。这一核心特点要求行政人员，特别是行政领导者，必须依据行政事务的轻重缓急程度，有序地开展工作。

职位设置有明确的数量规定。确定职位数量时，应严格遵循最小数量的原则，以确保行政效率。

职位本身具备相对的稳定性。行政领导的职位具有法定性，即依据法律规定设立，不得随意增设或废除，以确保行政体系的规范性和稳定性。

（二）行政领导者的职权

1.行政领导者职权的含义

行政领导者的职权，即由法律赋予、与职位相匹配的行政权力。这是行政领导者行使支配性影响力的根本基础。对于行政领导者而言，职权既是其享有的权利，也是其肩负的义务，是权利与义务的高度统一体现。

2.职权与职位的关系

职权与特定职位紧密相连，其产生源于职位的设立，职位的性质直接决定了职权的本质。职权与职位之间存在着明确的对应关系，彼此相互映衬。职权的大小与职位的高低、所承担责任的轻重呈现出正比关系，即职位越高、责任越重，相应的职权也越大。职权作为法定权力，受到法律和法规的严格规范和约束，这不仅能够有效制约行政领导者的思想和行为，还能确保权力的稳定行使，防止其被滥用或进行私人交易。

3.职权的范围

行政职权是一项具有明确界限的权力。行政领导的权限范围严谨而规范，涵盖了人事管理、资源配置、财务决策以及组织架构等核心领域。

（三）行政领导者的责任

1.含义

行政领导者的责任，特指在履职过程中，若存在违反法定职责和义务的行为，必须依法承担相应的法律后果，以表示对职责的严肃态度和法律的尊重。

2.行政领导者责任的内容

政治责任，即行政领导者因违反既定的政治义务或未妥善履行职责而引发的政治层面的负面效应，以及因此应承受的谴责与惩处。

工作责任，明确指代行政领导者在特定职务岗位上所肩负的责任，即因担任某一职务而需承担的义务，以及对工作成果与失败的个人责任担当。

法律责任，是指行政领导者在行政管理活动中，若违反法律法规所应承担的法律后果或相应责任。

（四）行政领导的权威

1.含义

行政领导的权威，是指基于法律、正当程序或领导者高尚品质与卓越才能，对领导对象心理与行为产生的导向性影响力。此权威是领导权力与领导艺术的集中体现，对于领导活动的成效具有重要作用和深远影响。

2.行政领导权威的意义

行政领导权威的坚定有力，是确保多元利益整合、积极因素充分调动的关键所在，更是捍卫全体人民长远利益和根本利益的坚实保障。行政领导权威作为实施科学管理的核心与首脑，其重要性不言而喻。这种管理强调统一意志，注重规范化、系统化的运作，确保行动统一、步调一致，实现整体协同配合，从而推动各项工作的顺利开展。

3.维护行政领导权威的原则

在维护行政领导权威的过程中，首要前提是坚定维护党中央和国务院的权威地位；为确保行政领导的权威，必须持续强化组织纪律建设，构筑起下级无条件服从上级、全党及地方政府无条件服从中央的坚实领导体系；要维护行政领导的权威，就必须在各级领导集体内部深化团结合作，确保紧密配合，形成稳固的领导核心；同时，维护行政领导的权威与保障国家法律的权威是相辅相成的，必须实现二者的有机统一；此外，为了维护行政领导的权威，还需构建科学、合理的权力分配体系，确保权力的有序运行。

三、行政领导的方法、方式与艺术

（一）行政领导方式

1.行政领导方式的含义

行政领导方式是领导方法的直接体现，具体表现为在领导过程中，领导者与被领导者以及其作用对象相互结合、协同作用的具体形式。这一形式不仅体现了领导者的智慧和策略，也反映了领导活动的科学性和规范性。

2.领导方式类型

（1）重人式、重事式与人事并重式行政领导方式。首先，重人式方式强调构建和谐人际关系与宽松工作环境，坚持以人为核心，开展行政领导活动；其次，重事式方式则聚焦于行政组织的目标实现、任务完成与效率提升，以事务为核心开展行政领导工作；最后，人事并重式方式兼顾关心人员与事务的平衡，既关注人的需求，也注重工作的推进，实现关心人与关心事的辩证统一。

（2）强制式、说服式、激励式与示范式行政领导方式。强制式，是指行政领导者通过实施行政指令，对行政人员及行政活动参与者进行规划与指挥的方式；说服式，是指行政领导通过运用劝导、诱导、启发、劝谕、协商、建议等手段，构建与群众之间的双向沟通渠道，以实现领导目标；激励式，即行政领导者运用物质或精神激励，以激发下属工作热情，推动决策目标的达成；示范式，是指领导者以身作则，率先垂范，通过自身行动树立榜样。

（二）行政领导艺术

1.行政领导艺术的含义

行政领导艺术，是行政领导者领导方法的独特展现，是领导者将普遍经验与个人洞察相结合，所形成的具有个性化、艺术化特质的行政领导方法。此方法不仅体现了领导者的创造力，更在随机应变、灵活调整中彰显其权变性，是领导方法中极富创新、灵活与适应性的一环。

2.行政领导艺术的分类

依据影响范围的广度，领导艺术可划分为总体性、局部性以及专业性的领导艺术。而从领导事务的具体类别来看，领导艺术又可划分为授权艺术、用人艺术、运时艺术以及处事艺术。

3.行政领导范围意义上的行政领导艺术

总体性领导艺术，即指领导者应具备敏锐洞察形势的能力，善于捕捉有

利时机，并充分利用良好机遇。而专业领导艺术，则强调各级各类行政领导应紧密结合自身工作实际，精准把握并恰当运用领导艺术，以提升工作效能。

4.行政领导事务类型上的行政领导艺术

授权艺术。授权是上级依法依规赋予下级一定的权力和责任，确保其在一定范围内具备自主处理问题的能力。

用人艺术。其主要精髓在于人尽其才，这不仅是高效利用人力资源的必然要求，更是实现组织目标的关键。“知人善任”是用人的基本准则，旨在实现人力资源的最优配置。

处事艺术。在领导工作中，我们需恪守职责、专心致志、统筹兼顾等原则，以确保行政领导者能够妥善应对各种事务，实现组织目标。

运时艺术。这既涉及领导者对自身工作任务的时间管理，也包括对本组织内各类事务处理时限的精心运筹，旨在实现工作效率的最大化。

第四节　行政沟通

一、行政沟通的概念

沟通作为行政运行职能的核心要素之一，是对信息进行有意识、规范化的运用，同时也是促进组织协调和深化组织合作的重要基石。

沟通作为机关运作的重要机制，旨在确保机关职员对机关问题与任务达成共识，进而实现思想统一、精神凝聚。沟通也是促进人际关系和谐、增强团队凝聚力、推动思想交流的重要工作方式。在健康的组织环境中，沟通被视为一种制度，它通过有效运作，将组织内不同层级和部门的成员紧密联系在一起，从思想、观念、情感和心理层面实现深度交融，从而在良好的组织氛围中构建相互信赖与支持的关系，推动组织的协调统一，提升整体效能。

因此，高效的沟通被视为现代组织管理中不可或缺的重要工具之一。

二、沟通在组织中的作用

沟通，是人际关系科学发展的成果，是当代组织中普遍存在的组织现象，具有广泛的涵盖性。作为一种组织间的纽带，沟通在信息与协调、合作等方面起着桥梁作用，有助于群体间、群体与成员间、成员间在意见和情感上实现相互理解、共鸣、接纳和认同，从而凝聚共识，推动组织整体价值的实现。作为一种重要的工作手段和管理制度，有效运用沟通可以极大地促进信息的流通，增强组织内部的凝聚力，使组织的目标和决策获得更广泛的理解和支持，进而提升组织的整体效能和效率。

三、沟通的过程

沟通的过程即在系统论的指导下，信息发送者借助特定渠道，将信息有效传递至接收者。这个过程包含七个要素：信息源与接收者、编码与解码、信息、通道、反馈、噪声、背景。

（一）信息源与接收者

在沟通过程中，信息源与接收者共同构成了核心主体。从组织内人际沟通的角度审视，信息源主要指的是信息的发起者和发送者。在此过程中，发送者承担着生成和传递信息的核心职能，作为沟通的起始方，其在沟通中占据主动地位。而接收者则往往处于被告知和受影响的角色，呈现出被动性。然而，这两者的地位并非绝对，特别是在反馈环节中，二者可以相互转化。

鉴于沟通的主体是人类，个体之间的知觉、态度、价值观的差异在所难免，因而会给沟通带来一定的难度和挑战。

（二）编码与解码

编码，即信息传播者运用特定的符号载体，将自身的观点、思想和情感等信息转化为可传递的信号的过程。而解码，则是信息接收者在接收到信号后，将其还原为原始信息，从而准确理解和把握信息内容的重要环节。

鉴于信息源与接收者受到其各自知识、态度及文化背景等因素的制约，缺乏统一的符号体系共识，因此编码与解码的过程往往无法做到完全一致，因而也就不能实现完美的沟通。

（三）信息

信息是沟通的客体。在分类上，信息可划分为语音信息和非语音信息。前者涵盖了口头及书面两种形式的信息传递；后者包含了副语言信息以及非语言信息。此外，亦有学者将信息划分为事实、情感、价值观及意见观点四大类。

（四）通道

信息传递的通道，是由信息发送者精心选定的媒介，对于信息的准确、高效传递具有重要意义。沟通渠道的多样性为信息传递提供了丰富手段，包括面谈、电话、信函、传真等传统方式，以及电视、内部刊物、网络等现代媒介。根据信息内容的不同，需选用适宜的通道，甚至可并行采用两种或多种沟通渠道，以确保信息的全面覆盖和深入传播。

尽管通信技术日新月异，但面对面的原始沟通方式在众多沟通渠道中，依然保持着最为丰富的特性。这是因为在面对面沟通时，信息的传递不仅限于语言本身，更涵盖了沟通双方心理状态的信息，这种信息的全面性和深度，使得双方能够在情感上产生共鸣。相比之下，广告、公告、文件等沟通方式在信息的丰富性上较为有限。

此外，信息的性质，即其是否为常规或非常规，对通信通道的选择具有显著影响。常规信息通常清晰明确，模糊性较低；而非常规信息则更为复杂，模糊性较高，较易引发误解。因此，领导者在沟通时，对于常规信息，可运用简洁明了的通道进行有效传达；对于非常规信息，则需选择更为详尽、丰富程度高的通道，以确保信息的准确传递。

（五）反馈

反馈，是指接收者将所接收到的信息，经过审慎核实后，再次传递给发送者，以确保信息内容得到准确理解。这一环节不仅标志着信息交流的结束，更实现了信息传递的双向动态循环，对于确保沟通的有效性和准确性具有至关重要的意义。

反馈作为评估信息传递效率与准确性的重要手段，能够有效验证信息在编码、传递和解码过程中的速度与质量。一旦检测到信息失真或误解的现象，应立即采取纠正措施。若反馈的接收者能够准确接收并深入理解信息内容，此类反馈可界定为正反馈；反之，若接收者未能准确理解信息，则视为负反馈。然而，值得注意的是，反馈的引入也可能增加接收者的工作负担，进而影响整体沟通效率。

（六）噪声

噪声是信息沟通中不可忽视的干扰因素，它贯穿于整个沟通过程，可能引发信息的失真。噪声可区分为内部噪声与外部噪声。典型的噪声形式包括但不限于：字迹难以辨认、语言模糊不清、通话中的辐射干扰以及不同文化背景所带来的误解等。

需要指出的是，噪声虽为信息的一种，但其往往增加了信息在编码与解码过程中的不确定性，进而导致信息模糊与失真。为应对噪声带来的挑战，通常可采取重复传递信息或增强信息强度的方式，以确保信息的准确传递。

（七）背景

沟通作为交流的重要形式，总是在特定的背景下进行。不论其形式如何，沟通均会受到各类环境因素的深刻影响。一般而言，对沟通过程产生影响的背景因素主要涵盖以下几个重要方面：

1.心理背景

心理背景，即沟通双方的情绪与态度，其内涵包括两个方面：首先，它体现在沟通者的心境与情绪上。当沟通者处于兴奋、激动的状态时，其沟通意愿和行为往往积极活跃；而一旦陷入悲伤、焦虑的情绪，沟通意愿则可能减弱，思维也可能陷入混乱状态，从而对信息的编码和解码过程造成干扰。其次，心理背景还体现在沟通双方对彼此的态度上。若双方存在敌视或关系淡漠，则可能导致沟通过程中因偏见而产生误差，进而影响双方准确理解对方的思想。

2.社会背景

社会背景具有双重含义：首先，它涵盖了沟通双方所承担的社会角色关系。在每一种社会角色关系中，人们都怀有特定的沟通方式预期，只有当沟通方式与之相符时，方能获得广泛的社会认同；其次，社会背景亦涉及在沟通情境中，对沟通产生一定影响但并未直接参与其中的其他个体。这些个体虽不直接参与沟通，但其存在与影响不容忽视。

3.文化背景

文化背景，是沟通者言谈举止背后所蕴含的稳固的价值观念、思维范式和心理结构的集中体现，是其进行思考和行动的内在指导原则。事实上，文化在每个人的沟通过程及其各个环节中均发挥着深远影响。当不同文化间产生交汇与融合，这种影响尤为显著。例如，在外资企业中，人们往往能够深刻体会到，由于东西方文化背景的差异，东方人与西方人在沟通方式、策略上存在显著的不同。

四、领导者常用的沟通方式

在管理实践的具体操作中，领导者应当选择并应用适宜的沟通方式和手段，以实现组织内外的有效沟通。组织内部的沟通方式主要包括指示与汇报、会议与个别交流、内部刊物宣传以及告示栏公示等。而在组织外部，领导者可采用广告宣传、谈判协商、公共关系建设等多种手段，以加强组织与外部环境的沟通与交流。

1.指示与汇报

指示作为领导者对下级工作进行指导、传达上级决策的重要手段，是一种下行沟通方式，通常通过正式渠道进行，体现权威性与强制性。其具体形式可细分为书面指示与口头指示、一般指示与具体指示、正式指示与非正式指示。在决定采用书面或口头形式传达指示时，应综合考虑上下级之间关系的信任度、持久性以及指示内容的重要性。

汇报，是领导者向上级单位总结工作成果、反映实际情况、提出合理化建议的重要上行沟通形式，具有极高的规范性和严谨性。在实际工作中，汇报可细分为书面汇报与口头汇报、专题汇报与日常性汇报、正式汇报与非正式汇报等多种形式。对于部分特殊性质的汇报，如政府工作报告，还需结合书面与口头形式，确保信息的全面、准确传达。

2.会议与个别交流

会议是极为重要的沟通平台，为各方交流提供了有益的场所与契机。首先，会议作为思想交流与碰撞的场所，有助于发现领导者尚未察觉的潜在问题，以便迅速采取措施加以解决；其次，通过会议，与会者能够增进彼此间的联系，形成共同的思想认识、行动纲领和价值观念；最后，会议能够使与会者全面了解决策的制定过程，从而确保决策得以有效贯彻执行。

个别交谈作为组织成员间的沟通方式，可以采用正式或非正式的形式，旨在促进领导者对组织情况的及时掌握，以及与下级间的思想和情感交流。此种方式较为灵活，拘束较少，因此沟通双方均易感受到亲切的氛围，从而

更愿意表达真实想法和观点。通过个别交谈，可以提出那些在正式公开场合不便提及的问题和意见，更有效地促进双方达成共识，推动组织工作的顺利开展。

3.内部刊物与宣传告示栏

内部刊物是组织内部沟通的重要工具，旨在提醒并激励组织成员，同时及时反映组织的最新动态和重大决策。尽管各类组织普遍设立内部刊物，然而，因刊物形式、内容涵盖及发布周期的差异性，其沟通效果亦各有千秋。

宣传告示栏作为另一种高效的沟通手段，被众多组织广泛采用，其形式多表现为工作场所内的海报栏或信息栏。此种沟通方式具备成本效益高、覆盖面广、信息准确性高以及传播速度快的显著优势。

4.意见箱与投诉站

一般而言，组织内部对于下层员工的思想动态和意见反馈，往往难以迅速传达至上层领导。即便在沟通系统正常运转的情况下，由于沟通中的“过滤”效应，员工的思想传达仍可能受到阻碍。因此，为了确保高层领导能直接获取下层成员的真实信息，多数组织均设立了意见箱这一机制。当组织成员的合法权益无法通过正式的沟通渠道得到有效保障时，可依托组织为部的投诉站进行协调处理，以确保问题得到妥善解决。

5.领导见面会与群众座谈会

领导见面会旨在给予具备深刻思想和独到见解的组织成员一个直接向领导层表达意见的平台。在通常情况下，若组织成员通过正规渠道反映的意见未能得到及时有效的回应，组织将安排领导见面会。此类会议通常基于下属的合理诉求而设立。

群众座谈会是领导者出于获取组织成员真实思想和情感的第一手资料之需，并防范信息在传递过程中失真，而采取的一种直接沟通方式。此形式通常由上级领导主动发起而设立。

此外，除了以上几种沟通方式外，组织内的沟通方式还有讲座、郊游、联谊会、聚餐等多种正式或非正式的方式。

五、组织沟通的渠道和网络

（一）组织沟通的渠道

组织沟通渠道，即组织内部信息传递的正式途径，可明确区分为正式与非正式两类。基于此，组织沟通同样可根据其渠道特性，划分为正式沟通与非正式沟通两大类别。正式沟通渠道为组织内部明文规定的、具有固定形式和流程的沟通方式；非正式沟通渠道则指在日常工作中自然形成的、灵活多样的沟通方式。

正式沟通是依据组织既定规章制度确立的沟通渠道和沟通形式。组织发布的正式命令文件、定期召开的会议，以及严格的汇报制度和公函往来等，均属于此类沟通方式。此类沟通所传播的信息，通常被称为“官方消息”，具有高度的权威性和公信力。

正式沟通的优势在于其严肃性和常规性，能够有效约束参与者的行为，确保信息的保密性和权威性，进而实现良好的沟通效果。在组织中，对于重要信息的传递，多采用此种方式。然而，正式沟通亦有其局限性，主要表现为传播路径相对固定，可能导致沟通方式的僵化；同时，由于中间环节较多，可能会影响沟通速度，甚至导致信息的失真。

非正式沟通，系在正式沟通渠道之外所进行的信息传递与交流，具有偶发性、随机性和不可预见性。其传播的信息通常被称为传闻或小道儿消息。此类沟通的优点在于灵活便捷，不受既定框架的束缚，易于交流真实思想，且能在一定程度上弥补正式沟通的不足。

然而，非正式沟通亦有其显而易见的弊端：难以实施有效的控制与监督；信息在传播过程中失真或歪曲；可能妨碍或削弱正式权力的行使，甚至恶化人际关系，对管理秩序造成一定的干扰。

（二）组织沟通的网络

组织内部信息流动形态的总和，被定义为沟通网络。沟通网络涵盖了以下几种主要的类型：

1.链式沟通

链式沟通机制构建了一个严密的层级网络体系，其中处于网络两端的个体仅能与内侧的单一成员保持联系，而位于网络中心的人员则能够分别与两侧成员进行信息交流。在组织系统内部，这一机制实质上形成了一个纵向的沟通体系，体现了明确的等级层次，确保信息能够按照既定路径自上而下或自下而上地有效传递。然而，值得注意的是，在此类沟通网络中，信息在逐层传递过程中存在失真风险，不同层级的信息传递者所接收到的信息内容可能存在显著差异，进而导致整体满意度的较大波动。此外，链式沟通机制也映射出组织中主管人员与下级部属之间，经由中间管理者所构成的组织系统，体现了严谨的控制结构。

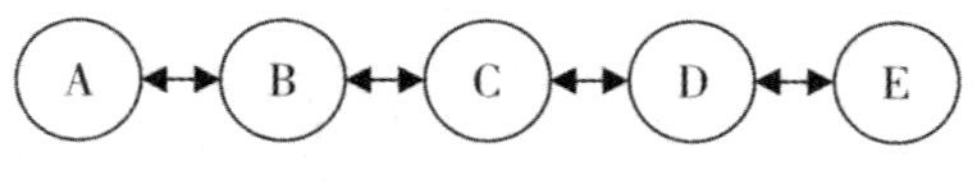

图 2–1　链式沟通

2.环式沟通

其实质可视为链式形态下的封闭控制结构，旨在实现成员间的有序联络与有效沟通。在此结构中，每位成员均具备与两位其他成员同时沟通信息的能力。值得注意的是，此沟通网络下，组织的集中化程度和领导人的预测程度相对较低，畅通渠道有限。然而，尽管如此，组织内部成员普遍保持着较高的满意度，组织士气亦呈现高昂态势。

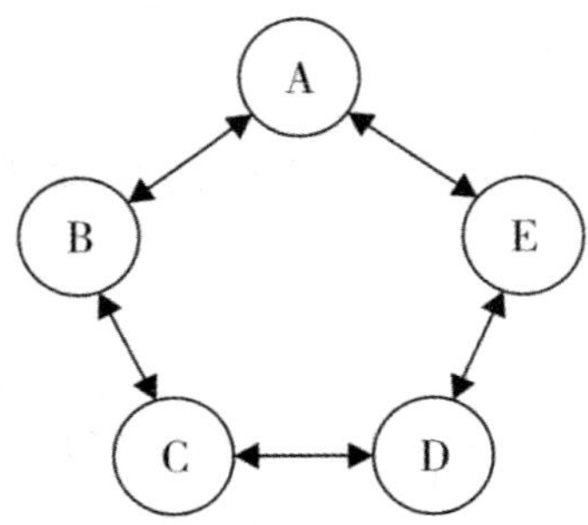

图 2–2　环式沟通

3.Y 式沟通

Y 式沟通是一个纵向的沟通网络架构，核心成员担任沟通的枢纽角色。在组织结构中，这一网络架构与组织领导、秘书团队至下级主管及一般成员之间的纵向层级关系相契合。此架构显著提升了沟通的集中化水平，确保问题得以迅速解决，并提高了组织领导的预测准确性。然而，也应警惕，此架构可能存在信息误传或失真风险，进而对组织成员士气产生不良影响，甚至阻碍组织效能的提升。

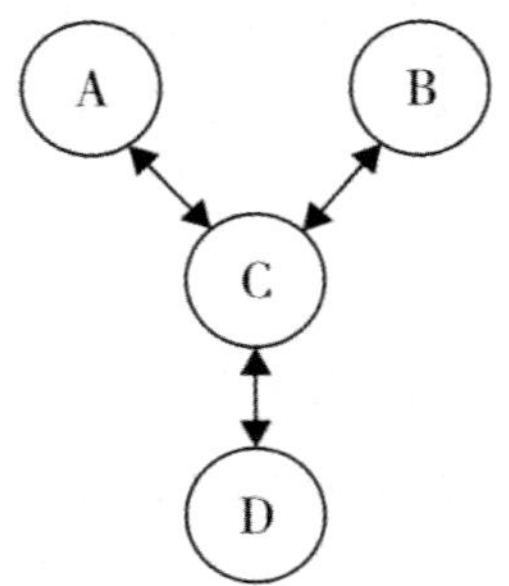

图 2–3　Y 式沟通

4.轮式沟通

这是一个典型的控制型网络架构，设有一个核心成员，担任信息汇聚与传递的核心角色。在组织体系中，该模式类似于主管领导对多个部门实施直接管理的权威控制体系。该网络架构高度集中化，能迅速响应并解决问题，然而，由于沟通渠道相对有限，可能导致组织成员的满意度偏低，进而影响整体士气。轮式沟通作为一种高效的沟通方式，对于加强组织控制、争取时

间和速度具有显著效果。当组织面临紧急任务，需要实施严密控制时，该沟通方式较为适用。

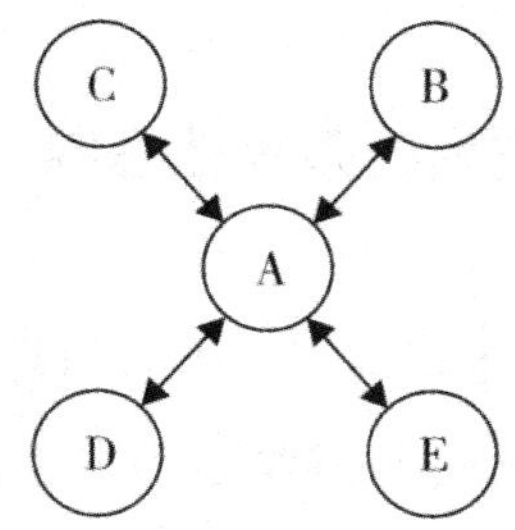

图 2 –4　轮式沟通

5.全通道式沟通

该系统是一个开放式网络架构，处于其中的成员之间均保持紧密联系与相互了解。在此架构中，组织的集中程度相对较低。得益于多样化的沟通渠道，组织成员普遍满意度高，从而士气高昂，合作氛围浓厚。这对于解决复杂问题、增强组织合作精神、提振士气起到积极作用。然而，鉴于沟通模式渠道繁多，亦可能带来一定的混乱与耗时问题，对工作效率造成影响。

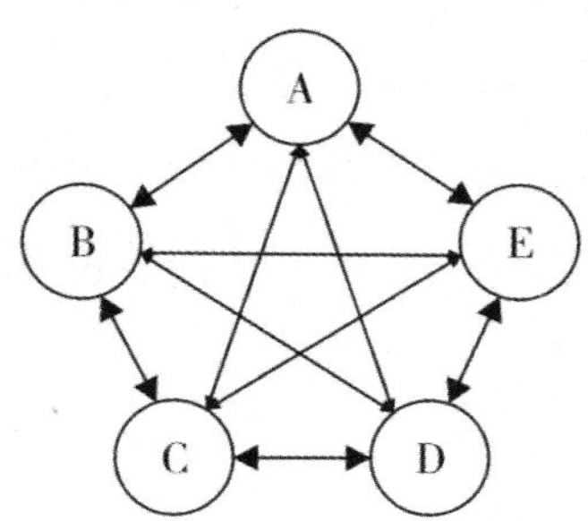

图 2–5　全通道式沟通

第五节　行政创新

一、提高政府行政效率的系统性思维

行政创新的实现路径在于将政府工作的创新逐步系统化、机制化、体制化，旨在优化行政效率，进而更好地满足经济社会发展的需求。

行政效率是指行政机关及其行政人员在行政管理活动中，其产出与所投入的人力、物力、财力等要素之间的比例关系，可细分为内部效率、整体效率和外部效率三个层面。内部效率体现于行政系统内部因素的运作效率；整体效率则关注这些内部因素效率的协调与整合；外部效率则是将行政系统置于社会大系统之中，衡量其对整个社会的贡献与效益。三者相互关联，共同构成行政效率的复合体系，呈现出要素子系统与母系统之间的紧密联系。

在提升行政效率的过程中，我们应严格遵循内部效率、整体效率、外部效率的顺序，自上而下地推进。首要任务是明确界定政府与市场、第三部门（社会组织）的管理边界，并妥善处理好它们之间的关系。其次，合理调配行政要素，积极推动行政要素的组合创新，以实现行政整体效率的优化。最后，务必采取有效措施，提高行政活动的要素管理效率，从而全面提升行政效能。

二、以执行力文化建设为基本要义

执行力是管理者完成任务所展现的专业素养和能力水平，体现为对工作的深入落实与坚定推进。对于提高政府行政效率而言，必须在政府内部培育并形成一种严谨规范的执行力文化。政府执行力文化独具特色，其核心在于弘扬求真务实的工作精神，坚守全心全意为人民服务的宗旨，致力于构建透

明度高、务实性强、廉洁自律、高效运作的政府组织。推行执行力文化，是提升行政效率的关键所在。

制度乃“形”，文化方为“魂”。政府的组织架构、运作规程、决策机制以及行政人员的行为举止、职业态度与价值观，皆深受行政执行文化之深刻影响与制约。当前，部分地区政府在行政执行方面存在疲软现象，行政效能不尽如人意，这实则映射出其执行力文化建设的短板与不足。

三、以全面深化行政体制改革为抓手

首先，必须坚定不移地深化政府绩效管理。实施政府绩效管理，是提升政府公信力和执行力的关键举措。目前，诸多地方政府已积极开展绩效管理实践，并制定了相应的制度和规范。应当在职能梳理、工作提炼、指标量化等方面加大力度，力求将复杂工作简化为直观、具体的指标，制定科学的绩效指标清单，明确关键业绩指标，确立工作标准与完成时限，形成明确的指标考评计分标准。从质量、数量、时限、进度、程度等多个维度细化责任，确保绩效指标具体、量化、可考核。同时，实施多维度的评价机制，按照多元化、多角度、全方位的考评要求，通过部门自评、领导评分以及跨部门互评等方式，对绩效指标的完成情况进行全面评估。这不仅是行政改革的重要组成部分，更是推动政府治理体系和治理能力现代化的重要举措。

第二，应深入探索并建立完善的政府服务后评估工作机制。政府绩效管理作为政府部门内部评价的重要组成部分，亟待加强政府服务后评估工作。在此过程中，必须确保评估主体的多元化与中立性，以保障评估结果的客观性与有效性。非国家机关领导下的民间机构，无论是营利性还是非营利性组织，均适宜承担此评估任务。可以通过公开招标的方式，严格筛选合适的评估机构，赋予其评估权力，并支付相应的评估费用。同时，严格监督评估工作的进行，确保评估的公正性，并认真审阅并接受评估报告。

第三，务必在政府和市场之间构建高效的协调机制。提升行政效率，关键在于切实解决因信息不畅、决策失误及管理失控导致的政府功能缺陷。在不成熟的现实市场与待完善的政府治理之间，需要建立一种稳健的协调机制，以确保公众能够依据资源优化配置的经济理性原则与交易成本最小化原则，探求政府与市场之间的平衡点。

四、以执行力文化和市场机制提升政府整体效率

为了提升政府执行力的文化内涵，须进一步强化政风建设，确保便民服务的核心理念得以贯彻。行政机构的建设与发展，务必坚守服务为先的根本宗旨，积极培育以人民为中心、服务人民为最高追求的行政文化。在行政部门内部，积极营造健康的行政文化氛围，通过举办行政服务评选活动、加强内部员工凝聚力培训等多元化方式，充分激发行政主体的服务热情和创新能力，进而推动行政工作效率的提升和作风的根本转变。同时，坚决加强政府执行力文化建设，全面消除官僚主义、形式主义的消极影响。

五、以科技和信息化为核心提升政府外部效率

为规范电子政务建设，需将网络平台建设纳入其总体规划之中。同时，需深化改革行政服务中心的业务流程，在行政服务中心内部实现资源的合理配置，确保资源共享，以提升服务效率，优化服务效果。此外，积极探索并发展新媒体，创新网上政务平台，与公众进行互动交流，积累经验，并进一步推广与应用，以提升政府外部效率。

第三章　组织与行政

第一节　组织概念

一、行政组织的含义

广义而言，行政组织是指具备计划、组织、指挥、协调、控制等行政功能的各类组织，其范畴不仅涵盖国家的政府系统，亦包括国家立法、司法机关，以及政党、企事业单位和群众团体等，这些组织在各自领域内履行行政职能，处理行政事务。而狭义上的行政组织，则特指政府系统。

二、行政组织的构成要素

行政组织乃是由多个要素构成的有机统一体，其效能的性质、程度和范围深受基本要素之直接影响。具体而言，行政组织的基本要素主要集中在以下八个核心方面，它们是组织运行的基石与保障。

（一）组织目标

行政组织的目标是其产生和发展的根本依据，它确定了行政组织的运行轨迹，是行政组织的核心指导原则。从本质上讲，它体现了行政组织的基本职责和使命。目标体系由总目标与分目标、原则目标与实务目标交织构成，构成了一张层次分明、功能明确的目标图谱。在这张图谱的引导下，各行政机关均致力于寻找自身在整体组织体系中的定位，以充分发挥其应有的功能和作用。

（二）机构设置

机构在行政组织中扮演着实体性的角色，它是实现行政职能、达成既定目标的必要载体。机构设置是根据组织的目标和职能范围，在行政组织内部依据具体分工来设立相应的部门和岗位。机构设置问题不仅是行政组织的核心议题，更是衡量行政组织运作效率与效果的关键。只有构建科学、合理的行政组织机构，才能确保其成为行政职能和行政权力的有效承载者。

（三）组织人员

行政组织的构建与运作，其核心在于人的作用。人的存在是组织成立与运行的基础，缺乏人的参与，任何组织都将失去其存在的意义，组织活动也将无法开展。人的能力与素质对行政组织的效能有着决定性的影响。因此，应按照行政组织的实际需求，合理调配具备一定数量和质量的人员，同时制定和实施有效的公共人事政策，广泛吸纳优秀人才，确保人才资源的充分利用，实现人尽其才、才尽其用的目标。

（四）权责体系

权责体系是行政组织中各部门、各层级、各成员之间功能关系的系统性构建，涵盖了从属与并列的复杂关系网络，是行政组织结构稳固的基石。权责结构的合理性，体现在纵向层次与横向部门、职位间的明确分工与合理分权，以及各部门、职位与整体组织间权责关系的清晰界定。这些要素共同构成了行政组织能否高效、有序运行的核心。

（五）财、物设备

经费、物资与设备是行政组织不可或缺的有形基础。尽管行政组织的本质在于人的互动与协作，但若无物质资源的支持，组织活动将难以进行。无论是行政人员的薪酬支付、日常办公的维持，还是办公设备的购置，均依赖于一定的财政经费。财、物设备的完备与充足程度，直接关系到行政组织整体运作的效能与效果。

（六）法规制度

法规制度是通过正式文件和书面规定来明确界定组织目标、职能职责、工作流程、权力与责任关系、内部职责划分以及活动模式的一种重要工具。它是行政组织实现依法行政的基石，其完善程度是衡量行政组织是否健全的重要标准。因此，加强行政组织法、编制法以及组织内部各项具体法规制度的构建与完善，是行政组织建设工作中不可或缺的一环。

（七）技术信息

在行政组织的构建中，技术要素占据了核心地位。这里的技术不仅指的是组织活动中采纳的科学技术手段，还涉及了组织在决策、执行和监督等环节中运用的原则、方式及具体方法，这些被称为“政治技术”。同时，信息也是行政组织不可或缺的重要组成部分。从某种角度来看，行政组织的运行过程实质上就是一个对信息进行收集、整理、加工、创造以及传递的循环过程。

（八）团体意识

行政组织的团体意识，指的是行政组织成员在思想、认识、情感和态度等方面对组织所持有的共同理解和认同。其核心理念在于成员自觉将自身视为行政组织的有机组成部分，并将组织利益视作自身利益的重要构成。这种团体意识不仅是行政组织实现其目标的共同心理支撑，更是维持组织持续稳定运作、推动其不断发展的核心动力。它深刻影响着组织成员的工作态度、积极性和组织整体运行的效率。

三、行政组织的价值

价值，本质上指的是某一特定事物在特定环境下所能产生的积极影响和效果。行政组织，作为国家行政管理的法定主体，在依法履行其管理社会公共事务的职责时展现出的独特效能和作用，即为行政组织的核心价值所在。

（一）行政组织是政府职能的载体

行政组织是政府各项职能得以实现的重要载体，而政府职能则是行政组织存在和运行的核心驱动力。行政组织的所有活动，包括其工作任务、组织制度、结构布局、功能设定、人员配置以及发展规划等，都需紧密围绕政府职能进行设计和实施。没有一个健全、高效的行政组织作为支撑，政府各项职能的履行将难以为继。

（二）行政组织是行政管理的主体

行政组织是国家行政管理体系中的基石，是国家进行社会事务管理的重要主体。它不仅是行政管理活动的执行者，更是实现行政管理目标的关键因素。一切行政管理活动均依赖于行政组织的组织和实施。行政组织不仅承担着行政管理事务的责任，更是这些事务的推动者和执行者，是行政管理的核心力量。若无行政组织这一关键力量，政府将无法充分履行其行政职能，实现其国家管理的目标。

（三）行政组织是行政人员的归属

行政组织是行政人员工作的平台。首先，行政人员是行政组织的重要支

柱。行政组织将行政人员整合为一个有机的整体，通过明确的职责分配和协同合作，将个体的力量转化为组织的力量，共同推动组织目标的实现。在组织的架构下，每个行政人员能够明确自己的职责范围，发挥自身的专业优势，实现个人价值的最大化。同时，通过团队合作和互相支持，行政人员能够共同应对挑战，形成合力，使行政组织的整体效能得以显著提升，远超个体力量的简单相加。

（四）行政组织是行政活动的支点

组织与人事在管理活动中占据核心地位，二者共同支撑起管理活动的基石。在行政管理的实践中，行政组织为行政人员提供了工作的平台；若无行政组织，行政人员将无法找到归属，更无法有效发挥其在政府运作中的作用。同时，组织的结构设计、部门配置、权责关系的清晰与否，以及组织制度的完备性，均是行政人员能否充分发挥作用的关键要素。

四、行政组织的类型

现代行政组织可以说是各类形式机构的复合体。按照不同的功能，可以将行政组织分为以下五种类型：

（一）领导机关

领导机关，亦称首脑机关，是各级政府全面指导、决策和监控的核心部门。领导机关在行政组织体系中占据中心地位，负责确立行政组织的战略方向、规划蓝图和政策框架，对管辖范围内的行政活动实施全面领导和协调。在整个行政体系中，领导机关扮演着核心指导者的角色。例如，我国的国务院以及各级地方人民政府。

（二）职能机关

职能机关，又称为业务机关，是指在领导机关的直接指导下，专注于某一具体业务和社会事务的组织与管理工作的机构。该机关对上需遵循领导机关的决策与指导，确保各项指示、方针和政策得到切实执行；对下则负责履行政府的行政管理职责，对下级相应的行政部门或社会公益性组织进行必要的指导与监督。因此，职能机关在政府组织体系中占据显著地位，不仅数量众多，而且拥有直接的行政管理权限。它们构成了行政机关的主要组成部分，如我国国务院下属的各部、委、办及其直属机构，以及地方政府下辖的各厅、局、处等。

（三）辅助机关

辅助机关，是指在行政组织内部，为领导机关和职能机关达成行政目标而承担辅助性、支持性工作的部门。该机关并不直接行使对各职能部门的指挥和监督权力，其主要职责是为领导机关和职能机关提供信息搜集、咨询建议、关系协调以及日常事务管理等服务。辅助机关的构成包括办公机关、信息机关和咨询机关等。

（四）咨询机关

咨询机关，又称为智囊机构或参谋部门，是指为政府决策机关提供专业意见和策略建议的行政机关。其成员主要由专家学者、资深行政人员等构成，他们凭借丰富的知识和经验，为政府决策提供有力支持。咨询机关不直接参与执行工作，也不承担秘书职能，其核心作用是提供决策咨询服务，因此常被称为政府机关的“智慧源泉”。

（五）派出机关

派出机关系指一级政府为满足政务管理之需，在所辖区域内设立的代表

机构。其并非独立的行政机关，而是作为委派机关权力的延伸，主要承担贯彻实施上级政府机关决议和指示的职责，致力于完成上级机关交付的行政任务，并对下级机关贯彻上级机关指示和决议的情况进行检查与督促。例如，审计署向各省派出的特派员办事处、公安局下辖的派出所、城市市区设立的街道办事处，以及当前部分省份仍存在的地区行政公署等，均属于派出机关的范畴。

五、行政组织的目标

行政组织是为实现既定目标而人为构建的，作为达成目标的工具，其运行方向由行政组织的目标所决定。行政组织的目标，作为整个社会目标的构成部分，源于其承担的国家行政管理职能。因此，国家行政管理的目标即为行政组织的目标，而行政组织的总目标则是国家基于社会发展的客观需求，依据法定程序所明确规定的。

（一）组织目标的含义

组织目标，即行政组织所力求达成的未来愿景与状态。在这一语境下，目标涵盖了使命的明确、服务对象的界定、具体指标的设定、定额的规划以及时限的确定，这些要素共同构成了组织目标的完整框架。

（二）组织目标的类型

组织目标的设定需严谨细致，可细化为官方目标、经营目标和业务目标三个方面。其中，官方目标通常具有概括性，旨在宏观上引领方向，激发团队士气；经营目标则具体体现了组织的核心追求和近期工作重点，通过明确的语言表述，为组织决策提供了明确的标准和依据；业务目标则是组织在达成经营目标过程中所采取的具体方法和时间节点的具体规划，是基层管理者关注和重视的关键环节。

（三）目标管理

目标管理，即将组织的经营目标进行层级化分解，进而转化为组织的具体方针和各级目标，最终落实到个人层面，以此激发组织成员的责任心和创造力。目标管理具备两大显著特征：其一，组织计划的系统性。它要求每个个体的目标需与所在团队的目标相契合，而各团队的目标又需与组织的整体目标相一致。其二，目标制定过程的激励性。通过让职工积极参与组织目标的制定过程，有效激发广大职工的工作热情和积极性。在实施目标管理时，我们强调的是成果和贡献，而非简单地规定时间和方式。一般而言，目标管理包含三个基本步骤：目标的制定、目标的实施以及工作成绩的评价。

第二节　组织环境

一、行政组织环境概述

组织既受外部宏观社会系统的深刻影响，也受内部微观系统的严格制约。组织内部各要素的综合作用，共同构成了其内部环境系统。内外环境系统的相互交织与互动，共同塑造着组织的整体行为，并对组织成员的行为模式产生直接或间接的深远影响。

行政组织作为一个自成体系的独立系统，其构成要素及其相互关系共同构成了其内部环境。同时，作为一个开放性的社会系统，行政组织与其外部环境相互关联，进行物质、信息及能量的交流与互动，以保持动态的平衡与发展。科学、系统地审视行政组织的内外环境，并客观分析这些环境对行政组织运行的影响，对于提升行政组织的运作效能与管理质量具有至关重要的现实意义。

二、行政组织环境的含义及构成

在本书中，行政组织环境被严谨地定义为涵盖行政组织生存与发展所受到的所有影响因素的总和，这既包含其外部环境，也囊括了其内部环境。

（一）行政组织外部环境的含义及构成

行政组织的外部环境，亦可称为行政组织的外部条件，是指位于行政组织界限之外（即环绕行政组织四周）、通过直接或间接方式，对行政组织产生各种影响的各类因素的集合。依据环境性质的差异，行政组织的外部环境可明确划分为自然环境与社会环境两大类别。

1.自然环境

自然环境主要涵盖宇宙环境与地球环境两大方面。在宇宙环境方面，它涉及宇宙天体的运行规律、太阳黑子的潜在干扰，以及日、月食等现象的影响。而在地球环境方面，则主要包含地理条件的多样性、国土特色的独特性，以及山川河流、地形地貌的丰富性，同时涵盖了海岸海港等重要的地理环境因素。此外，地球环境还涵盖了可供人类开发利用的土地资源、矿产资源、生物资源以及能源资源等重要的资源环境因素。

2.社会环境

社会环境，即在一个既定社会中，所有行政组织共同面临并受其深刻影响的环境因素。其主要构成要素涵盖以下几方面：

（1）经济环境。主要涵盖经济制度、经济体制、经济结构、经济发展水平以及经济政策等多个方面。而政治环境则主要包含国家制度、政治制度、法律体系的完善、政治文化的传承、权力结构的合理布局以及民主参与的广泛程度。

（2）文化环境。主要包含的是深厚的文化传统、核心价值观、严格的道德标准、明确的行为规范，以及和谐的人伦关系等。在民族宗教方面，民族涵盖了民族的地理分布、独特的风俗习惯、日常行为习惯、独特的民族语言，以及民族经济发展状况；而宗教则囊括了宗教组织的构建、宗教活动的安排、宗教信仰的确立、宗教信徒的培育，以及宗教教义的研究与传播等方面。

（3）法制科技。法制体系涵盖了立法、执法、守法以及普法等多个关键环节；科技则体现在科学技术自身的研发状态、发展水平以及实际应用程度等方面。

（4）国际环境。主要涵盖国际组织、重大国际事件、国际形势以及国际关系等多个方面。

社会环境对行政组织的影响，通常是由多种因素共同作用的结果。这意味着，行政组织因环境变迁而发生的变革并非单一环境因素所能独立实现的，而是在多种环境因素的交互作用中逐步形成的。然而，在多种环境因素共同作用于行政组织的过程中，总有某一种或某几种因素占据主导地位。普遍而言，经济环境、政治环境、文化环境等因素对行政组织的影响尤为显著。

（二）行政组织内部环境的含义及构成

行政组织的内部环境，亦称行政组织的内部条件，是指位于行政组织边界之内，构成行政组织并支撑其生存与发展的所有因素及其相互关系的总和。这一环境涵盖了物质性与非物质性两大类别。

行政组织内部环境的物质性部分，指的是构成行政组织实体的有形要素，这些要素是行政组织运作不可或缺的实体性客观因素，涵盖了人员配置、经费支持、物资供应及设备配备等方面。本文将重点探讨行政组织的非物质性内部环境，即组织氛围或称之为“组织气候”。

1.组织气候的含义

组织气候，指组织成员对其所处环境所持有的感知与认知，进而形成的一种持久且稳定的组织行为氛围。此乃组织内部的一种精神或心理环境，对组织成员的行为举止具有直接影响。组织气候作为组织内部一种较为持久的行为状态，其本质是组织内部的非物质性环境，与组织成员的精神状态及具体行为紧密相连，其核心在于促进组织成员的个性、目标与组织整体目标实

现深度融合与一致。

2.组织气候的测度

组织气候是组织内部环境固有特性的体现，同时也是内部环境各要素间相互关系的综合反映。因此，对于组织气候的准确测度、深刻认识和有效改良，对于促进组织环境的和谐稳定具有重要意义。

在组织气候的测定过程中，我们需综合考虑诸多因素。具体而言，以下因素为主要考量点：

（1）领导过程。涵盖领导方式的系统性、领导风格的独特性、领导范围的全面性、领导内容的针对性以及领导权限的明确性。

（2）组织结构。包括行政个体在组织体系中的定位，以及受到组织规范、法规制度及程序流程的制约程度等。

（3）行政责任。涵盖了个体在行政系统中所体验到的压力、承担的任务、享有的权限、应尽的义务，以及必须承担的责任等全面要素。

（4）激励力量。涵盖了心理层面的激励、生理层面的激励，以及报酬、物质享受、精神状态提振、精神兴奋度提升等多维度的条件。

（5）沟通过程。要重视信息传递的各个环节、速度、准确性，同时关注信息渠道的开放程度以及行政个体获取信息的丰富程度。

（6）人际关系。关注组织成员之间的交往、友谊、工作关系、权力关系的构建，以及他们之间的相互作用和相互影响。

总之，以上因素均会对组织气候产生显著影响，进而对行政组织系统的行为产生深远作用。

三、行政组织环境的特点

（一）复杂性

行政组织环境是一个高度复杂的系统，其复杂性体现在多个层面，既涵盖了经济、政治、文化、民族、宗教以及国际社会等外部的宏观环境因素，也囊括了行政组织内部的物质性环境，如组织成员、物资设备、行政经费等。此外，行政组织还面临着由组织结构、权力配置、管理模式、人际关系、沟通激励、组织文化等要素及其相互关系所构成的非物质性内部环境，即组织气候。这一环境系统对行政组织的运行和发展具有深远影响。

（二）动态性与不确定性

任何行政组织所面临的环境均呈现动态变化之态。无论是其外部环境，还是内部环境，均随着时代的演进而不断发生深刻变革。特别是在当下这个日新月异的现代社会，行政组织环境，特别是外部环境变化速度之迅猛、变化幅度之广泛、变化程度之深刻，均呈现出前所未有的态势。这种变化给行政组织带来了越发增多的不确定性因素，且这些不确定性的影响力越发显著。

（三）相对稳定性

相对稳定性，是相对于绝对稳定性而言的概念。在行政组织环境的持续演变中，特别是其外部环境的动态变化，若从宏观视角审视某一行政组织的环境，可发现其在特定时空内展现出稳定性。特别是当行政组织的内部环境一经形成，通常情况下，若未经人为改革调整，其组织气候的变化系数将保持在一个较低的水平。

（四）可塑造性

可塑造性，即行政组织所展现的变革与创建的能力。特别是行政组织的内部环境，更具备显著的可塑特质。行政组织可根据其实际情况，通过科学合理的途径与措施，对内外环境进行适度的创建、变革与改善，以期构建一个更为理想、符合发展需求的环境。

第三节　组织结构

一、行政组织结构概述

行政组织结构，即行政组织内部各要素之间相互作用的方式和关系模式，是行政组织的根本框架。这一结构的设置，旨在明确组织内部成员间的权责划分，以及各部门间的分工协作关系、工作程序、活动形式和控制机制。同时，它亦能反映出组织内部多重变量间的关联，包括但不限于权威体系、专业领域、任务分配、专业化程度及部门之间的相互依赖关系等。构建科学合理的行政组织结构，对于确保行政组织内部各项资源——人力资源、物质资源、财务资源等的优化配置和高效利用，具有重要意义。

二、行政组织的一般结构形式

随着对公共组织认识的日益深化，基于不同需求，人们已设计出多样化的组织结构形式。这些结构形式均根植于一般的组织结构框架之上，展现组织内部成员间的权责关系、部门间的分工协作、工作程序、活动方式及控制方式等核心要素。因此，深入了解和掌握组织的一般结构形式尤为重要。

（一）直线结构

直线结构的特点是单一垂直领导，其结构简单，领导隶属关系明确，结构中每一层级的个人或组织只有一个直接领导，不与相邻个人或组织及其领导发生命令与服从关系。其结构如图 3–1 所示。

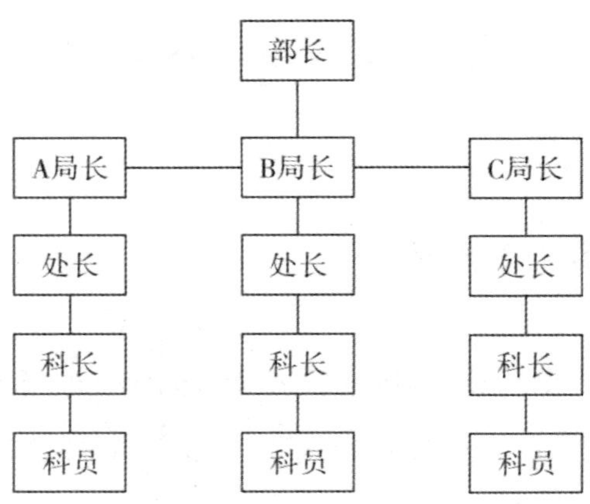

图 3–1　直线结构

直线结构作为一种组织结构形式，其显著特点在于信息传递途径的明确性和高效性，能够迅速有效地实现信息的上下贯通。然而，这种结构也存在着一定的局限性，即基层的自主决策空间相对较小。同时，由于各职位工作程序的固定性，有时可能导致组织运作的僵化和缺乏灵活性。尽管如此，直线结构仍被广泛应用于规模适中、工作内容相对简单的公共组织之中，以确保组织运作的规范性和稳定性。

（二）职能结构

职能结构是指相关部门在水平层面根据职能的差异性进行精细化分工，进而实现对下级部门的领导与指导。在职能结构的构建中，每个上级部门并非仅依赖于某一特定的下级部门，而是综合考量多个下级部门的职能与表现；同样地，每个下级部门也需接受多个上级部门的指导与监督，以确保工作的全面性和协调性。其组织架构形式如图 3–2 所示。

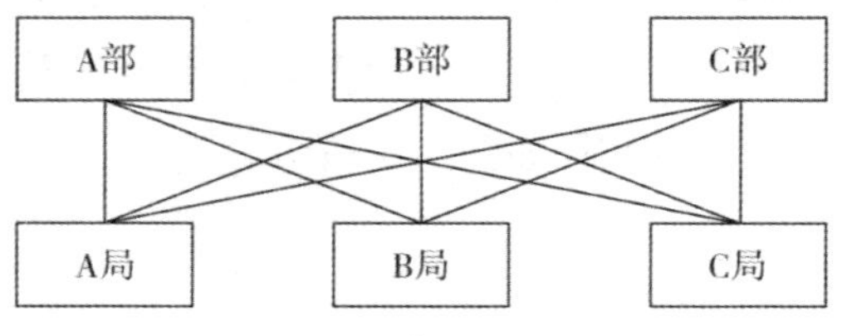

图 3–2　职能结构

职能结构基于水平分工的领导机制，有效拓宽了各层级管理事务的涵盖面，特别适用于处理较为繁杂的管理工作。然而，下级部门在面临多头领导时，容易出现政策导向不一的情况，若领导部门间缺乏必要的协调与配合，将可能导致执行层面的混乱和效率低下。

（三）直线—职能结构

直线—职能结构是在充分融合直线结构与职能结构特点的基础上，构建出的一种组织结构形式。在此结构中，各级部门之间既保持着明确的垂直领导关系，又兼具了必要的水平领导关系。其组织架构如图 3–3 所示。

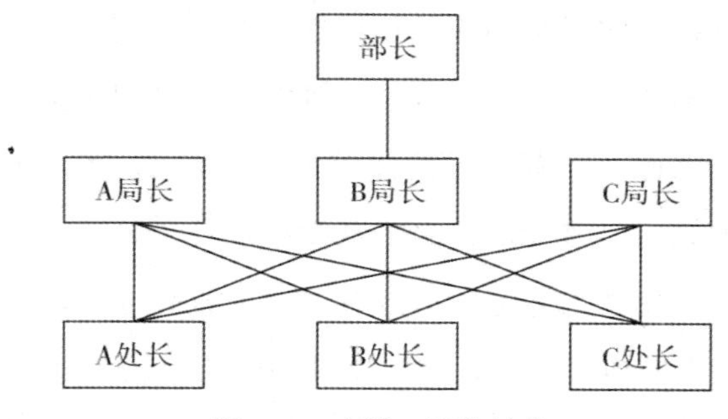

图 3–3　直线—职能结构

直线—职能结构强化了对水平层次领导部门的协调引领，提升了政策执行的统一性和协调性，有效避免了政策执行中的多重标准和冲突。在明确每个下级部门仅有一个直接上级领导的基础上，同时接受其他相关上级部门的业务指导和监督，此举有助于推动决策的科学化、民主化进程。然而，这种结构亦存在潜在风险，即垂直领导在特定情况下可能过于强势，导致对水平领导的忽视，进而使部门间关系变得更为复杂。

（四）矩阵结构

矩阵结构是以特定工作任务的完成为核心，通过从相关部门抽调人员组建临时机构，以高效履行工作职责的组织架构。与直线—职能结构有所区别的是，矩阵结构强调垂直领导与水平领导的并重性，实现权责清晰、协调一致，其组织架构如图 3–4 所示。

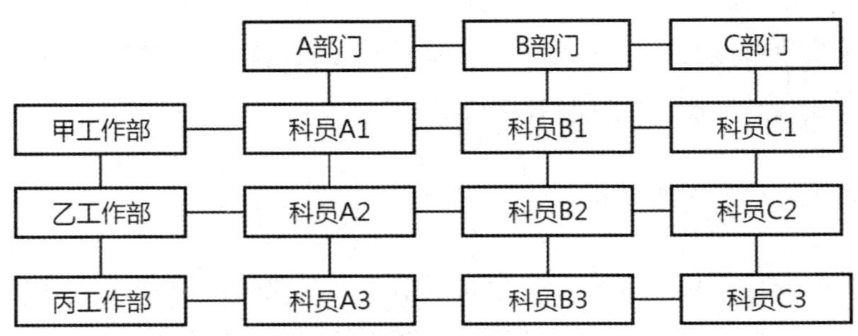

图 3–4 矩阵结构

矩阵结构在维护组织成员构成的稳定性之余，亦能充分激发组织成员的综合优势。相较于前述三种结构形式，矩阵结构展现出更为显著的灵活性和强大的适应能力，因此，亦有人将其誉为适应型结构。鉴于其高度适应复杂工作的特性，矩阵结构已被众多大型公共组织广泛采纳，特别是在行政组织领域，矩阵结构的应用尤为普遍。政府在各个时期设立的临时办公机构便是以矩阵形式组织运作的典范，如各类工作领导协调小组及其办公室等。

在组织结构领域中，与矩阵结构相类似的是旁系组织。旁系组织系从科层结构的正式成员中遴选部分人员，依据自由联合的原则，组建特定常设机构，以高效解决特定问题。与矩阵结构有所区别的是，旁系组织的成员在执行其组织任务时，并不完全脱离其本职工作，呈现出“不脱产”或“半脱产”的特点。在现实生活中，如“经济学会”“行政学会”“专业技术职称等级评审委员会”以及高校内的“学术委员会”等，均属于典型的旁系组织范畴。

三、基于管理层次和管理幅度的特殊结构形式

管理层次与管理幅度的关系，是行政组织部门或成员间领导与被领导、命令与服从关系的核心构成方式。其中，管理幅度与管理层次作为组织结构的关键要素，对组织结构的构建与运行具有决定性的影响。

（一）管理幅度

管理幅度，即一个行政层级或行政首长直接管理的下级机构或人员数量，必须合理设置。过大的管理幅度可能导致行政首长难以全面把控，使工作浮于表面，难以深入掌握实际情况；而过小的管理幅度则可能使行政首长对下属控制过严，不利于激发下属的工作积极性和创新能力。管理幅度是衡量组织管理工作复杂性的重要指标，一般而言，工作复杂性越高，管理幅度相应越宽。

然而，管理幅度的设定并非一概而论，需根据具体情况和人员特点进行合理配置。目前，我国行政管理在管理幅度方面存在一定问题，如省级管理幅度过大，下辖县（市）众多；同时，部分单位内部也存在管理幅度偏小、行政领导副职过多等问题，这些都需要进一步研究和改进，以优化管理结构，提高管理效能。

（二）管理层次

管理层次，即公共组织内部纵向划分的层级结构，其设立基于人类劳动的垂直分工与权力的层级特性。各类行政组织的管理层次不尽相同，但普遍可划分为上、中、下三个基本层级，或进一步细化为高、中、低、基层四级架构。前者如同普遍适用的部、局、处三级体制，以及传统工厂的厂、车间、班组三级架构；后者则如国务院、省政府、县政府、乡政府四级领导体系。无论何种管理层次，高层均负责确立组织总体目标，侧重于决策、协调与监督，其人员配置相对较少；中层则承上启下，负责贯彻上级政策，协调下级工作；基层则主要承担具体事务的执行与落实，人员数量相对较多。

（三）管理层次与管理幅度的关系

在维持组织条件恒定的前提下，行政部门的管理层次与管理幅度在特定组织内部呈现反比关联。具体而言，针对某一特定的行政组织，若行政层次设置较多，则每个行政机构的管理幅度相应缩小；反之，若行政层次简化，则每个行政机构的管理幅度随之扩大。这种层次与幅度的对应关系，进一步决定了行政组织的结构形态。层次多而幅度小，组织则呈现为尖型结构，这种结构倾向于集权，有助于实现强有力的行政控制，但在一定程度上可能抑制下级人员的主动性和创造性。而层次少而幅度大，组织则呈现为扁型结构，这种结构更侧重于分权，有利于激发下级人员的积极性和创造性，但也可能带来行政控制力度的削弱。在实际行政运作中，行政组织的结构往往并非单一的尖型或扁型，而是综合性的，即在组织内部，某些层次的管理幅度较大，而某些层次的管理幅度较小。

（四）基于管理层次与管理幅度的特殊结构形式

1.尖形结构

针对管理层次繁多、管理幅度狭窄的组织结构，其形态犹如底宽上窄的“金字塔”，因而此形态的组织结构被冠以尖形结构之名。在尖形结构中，管理层次划分清晰，上级对下级实施严格的控制和施加显著的影响力。此结构的优势在于权力集中、分工明确，便于统一行动；然而，由于层次繁多，信息传递路径较长，容易引发信息失真，导致高层决策在执行过程中发生偏差，从而抑制了下级机关和员工的积极性。此外，上级对下级的严格控制，在某种程度上反而抑制了下级的积极性和主动性，使得工作缺乏灵活性，易陷入僵化状态。

2.扁形结构

扁形结构，即管理层次较少而管理幅度较大的组织结构形态，因其扁平化特点而得名。该结构有利于信息的迅速传递和减少失真，缩短决策执行时间，同时赋予下级执行人员较大的自主权，使决策与执行过程更加广泛且灵活。然而，也需注意到，由于上级对下级的控制力度相对较弱，扁形结构组织在集体行动时可能面临一定的困难，表现出相对松散的特点。

因此，在组织结构设计的实践中，我们始终致力于将尖形结构与扁形结

构的优势相互融合，力求最大限度地规避二者的不足，以设计出符合组织发展需求且令人满意的结构。

四、非正式组织

（一）非正式组织的表现形式及其特征

1.非正式组织的定义及表现形式

所谓正式组织，即拥有明确组织目标，并基于一系列规章制度和权责分配体系构建的行政组织。然而，自 20 世纪 30 年代著名的“霍桑实验”以来，管理学家们深入探究发现，在企业内部实则存有一种“非正式组织”。这一组织源自企业职工在生产过程中必然形成的相互关联的人际网络和情感纽带，且在其中自然孕育出一套行为准则或惯例，要求个体成员予以遵循。此类非正式组织对组织成员的行为模式具有显著影响，成为影响生产效率的重要因素之一。

从理论层面分析，非正式组织是由个体之间非正式的互动与交流所构建的社会关系网络。其形成并非遵循既定的法定程序，而是根植于人际与社会关系的自然演进中。凡是在正式组织架构下，成员为满足各自需求而建立的、超越职务界限的团体，均属非正式组织的范畴。

由此可见，非正式组织的表现形式丰富多样。例如，在机关内部，同事之间因长期在同一岗位或办公室共事，彼此深入了解，在面临共同挑战时，常能相互扶持、携手共进。同时，一些特殊身份如室友、同乡、校友以及兴趣小组成员，因共享相似的背景、经历和兴趣，亦自然形成非正式组织，彼此间拥有更多的共同话题与情感纽带。此外，在社会上，教友、宗亲、病友等关系也构成了多元化的非正式组织，以满足成员间的交往需求。

2.非正式组织的特征

一是背景上的相似性。非正式组织的成员在文化背景上具有相似性，或社会地位相近，彼此间的认同感或友谊成为他们联系的重要纽带，易于形成共同语言。

二是形式上的非稳定性。非正式组织的产生既非人为设计，也非强制组建，而是在相互认可的过程中自然、自愿形成的。因此，它往往缺乏明确的组织结构、工作任务和法定领导，其内部关系不受正式法令和纪律的约束，而是通过道德规范、社会惯例和舆论等方式来维持和调整。

三是人员构成的不确定性。在非正式组织中，具有共同性质的人构成其核心，其他成员则处于边缘状态并呈现游离态势。当面临强烈的外部刺激时，非正式组织可能迅速分化或更加凝聚。

四是组织类别的共生性。非正式组织与正式组织相互依存，并对正式组织产生直接影响。多个非正式组织可以并存于一个正式组织系统中，同一人也可能同时成为数个非正式组织的成员。

五是组织行为的激烈性。在非正式组织内部，通常会形成一些公认的行为规范，成员如有违背，将受到他人谴责，形成团体压力。当非正式组织的共同意识或利益受到外部损害时，其成员可能采取激烈、突发、强硬的方式来维护既得利益，常表现为“群起而攻之”的现象。

六是领导人物的天然性。非正式组织的核心人物往往被称为“天然领袖”，其影响、动员、制约和号召他人的主要手段是个人魅力和吸引力，主要依赖其影响力来实现领导职能。

（二）非正式组织的影响

1.有利影响

非正式组织的存在，具有积极意义，对正式组织产生了诸多正面的影响。首先，非正式组织为正式组织的成员提供了社交活动的平台，满足了其社交需求；其次，非正式组织为正式组织成员提供了精神上的慰藉与支持，使其在面对工作挑战时能够获得安慰与帮助；再者，非正式组织的存在有助于正式组织功能的更好发挥，其成员间的交往能增强工作安心感，从而减轻管理

人员的工作负担，弥补管理能力的不足；同时，非正式组织内部信息传递的高效性使得管理人员在作出重大决策前能够先行试探，评估其可行性；最后，非正式组织的良好运作有助于降低缺勤率及人员周转率，成员间和谐的人际关系促使他们减少缺勤时间，保持组织成员的稳定性。

2.不利影响

非正式组织的存在亦有其负面效应，即对正式组织构成一定程度的负面影响，具体体现在以下几个方面：

（1）产量受限。生产部门中的非正式组织成员之间往往形成默契，共同维持一个固定的产量水平，既不允许个体懈怠，也不鼓励个体提升产量以彰显个人能力。这种默契导致正式组织在较长一段时间内维持稳定的产量，任何提高生产率的尝试都可能遭遇非正式组织成员的隐形抵制。

（2）抗拒变革。非正式组织成员通常在多个层面形成利益共同体，将保护既得利益置于首位。非正式组织成员倾向于团结一致，抵制变革，对任何新举措持消极保守的态度。

（3）谣言传播。尽管谣言不一定源于非正式组织，但一旦进入非正式组织，便会迅速产生强烈的“葡萄藤”效应，迅速扩大其传播范围。谣言的泛滥对正式组织的工作开展造成极大的不利影响。

（三）如何对待非正式组织

对于任何非正式组织，我们都应秉持辩证分析的原则，既要充分认识其积极价值，又要正视其潜在问题。我们应当积极寻求策略，以充分发挥其优势，避免其不足，从而更好地服务于正式组织的目标。行为科学家对此提供了宝贵思路：了解其运作机制，接纳其存在，影响其发展。

1.了解其运作机制

即深入剖析非正式组织的存在目的、领导架构、内部凝聚力及其潜在的社会影响力，细致观察非正式组织成员间的交往模式与相互作用，并深入探寻他们的共同认知与立场，以期全面理解其内在运作机制。

2.接纳其存在

确保非正式组织成员明确知晓，他们已被管理层所接纳。在决策过程中，鼓励他们积极参与，确保在采取任何行动前，充分评估这些行动对非正式组织成员可能产生的影响。同时，积极寻找机会与非正式组织的领导人物进行沟通交流，认真听取并采纳他们对组织发展的意见和建议。

3.影响其发展

在促进组织团结的进程中，应着重强化非正式组织成员对团体精神的培育，深化其对正式组织的归属感与认同感。同时，需积极协调正式组织与非正式组织的目标，确保其一致性。若出现目标冲突或对抗情况，必须果断采取措施，对持反对态度的非正式组织负责人进行岗位调整或解聘，以保障正式组织的稳定与和谐。

第四节　行政组织文化

一、行政组织文化的内涵

行政组织文化，由组织文化演变而来。作为组织文化的一种具象化体现，它是指在特定历史背景下，逐步积淀形成的、对行政组织主体产生持久影响的行政心理、行政行为和行政倾向的综合体现。这一文化涵盖行政组织思想、行政组织制度以及行政组织心理三个主要层面，构成行政组织体系及其行为的深层构造，成为行政组织管理的核心灵魂。具体而言，行政组织文化包含以下主要内容：

行政组织文化不是文化与行政组织活动的简单叠加，也不是社会文化在行政领域的机械映射与功能体现，而是以特定的社会文化为基础，通过行政组织及其成员在日常活动中的持续实践与积累，逐步构建并形成的独特文化形态。

行政组织文化作为时代的结晶，具有鲜明的历史烙印和时代特征，每一时期均孕育着独特的行政组织文化。

行政组织文化对行政主体的行政行为和态度具有深远持久的影响，这种影响具有相当的稳定性，进而塑造和巩固了人们总体的行政倾向。

行政组织文化的构建基于行政组织思想、行政组织制度及行政组织心理的有机融合，体现了行政组织成员的集体价值观体系，即一系列在组织中长期形成的、对成员行为具有导向作用的价值取向，包括但不限于人际和谐、绩效卓越、团队协作与创新精神等。

在大型的行政组织架构中，组织文化展现为一种层次分明、结构有序的体系。其中，组织的核心价值观构成了主文化，而体现其他独特价值观的部分则构成了行政组织的亚文化。不同的行政组织承载着各自独特的、为组织成员所共同接受的价值观念。组织文化的形成并非一蹴而就，需经历实践的检验与调整，直至某些核心价值观在实践中证实其对组织团结与发展具有显著有效性，方能形成相对稳定的主文化。

组织文化相较于组织环境的其他维度，具有其独特的无形性和隐含性，其组织结构和形式并不必然保持一致性。即使一个组织在结构和制度上严密严格，也并不意味着其必然拥有优良的组织文化，亦无法确保成员对组织产生强烈的认同感。相反，在结构较为松散、形式灵活的组织中，良好的组织文化往往能够激发成员对组织的强烈归属感与责任感，使其更加珍视并维护组织的共同利益。

组织共同价值观的塑造是组织发展的核心要义。这一层面，作为组织发展的深层次体现，是组织内在且不易被外界察觉的方面，它体现了组织生活中的非正式面向。这涵盖了组织成员对事物的认知、态度、情感，以及对人性、人际关系的深入理解和共同坚守的价值观。这种长期形成的共同价值观，是组织宝贵的无形资产，对于某些组织而言，其价值更是难以估量。

不论何种类型的组织文化，其发展的主流趋势均指向文化的多元化。组织应秉持开放与包容的态度，积极接纳并融合不同的价值观和文化信念，确保其在组织内部得以共存并共享。在这样的文化环境中，组织才能持续发展，应对各种变化。

此外，在界定组织决策类型的环节中，必须审慎考量以下组织环境因素：市场特性、竞争态势、资源与信息获取的可行性，以及公众对于决策的支持度或反应倾向；同时，还需密切关注决策利益相关者的行为与态度。然而，需明确的是这些环境因素均构成组织决策的外部驱动力，而以上所述的组织内部要素，则是决定决策效能与成果的核心环境条件。

二、组织文化的类型

（一）根据产生的时间划分

根据历史演进阶段，行政组织文化可划分为传统行政组织文化与当代行政组织文化两大类别。传统行政组织文化，即历史上积淀并传承至今的行政组织文化；而当代行政组织文化，则是顺应当前时代潮流与需求所诞生的新型行政组织文化。每一历史阶段均有其独特的行政组织文化烙印，这些文化既是对过往行政组织文化的继承与延续，又在此基础上进行了创新与拓展。当代行政组织文化可视作对传统行政组织文化取其精华、去其糟粕后的继承与发展。在社会发展进程中，传统行政组织文化固然有其固有的影响价值，但起核心引领作用的应是与时俱进、符合时代特征的当代行政组织文化。

（二）根据作用的领域划分

依据作用范畴的不同，行政组织文化可明确区分为总体行政组织文化与区域行政组织文化。总体行政组织文化，即普遍存在并深刻影响全社会各类行政活动的行政组织文化，亦称之为主行政组织文化。它作为团体或组织的基本文化背景，对整体社会行政系统的行政行为和行政倾向产生显著的影响与制约。而区域行政组织文化，则是指在不同地域内，因政治、经济、文化等多重因素的差异，所形成的一种与总体行政组织文化既有联系又具独特性的行政组织文化。它既在广泛的社会和民族背景中孕育而成，又深深烙印着本地区与本民族的鲜明特色，属于一种特殊性质的组织文化，亦称亚行政组织文化。在经济与文化发展尚不平衡的现实下，区域行政组织文化的存在具有其必然性。区域行政组织文化与总体行政组织文化在保持一定共性的同时，也展现出各自的差异性，甚至在某些情况下可能产生冲突与对立。

（三）根据行政主体划分

依据行政主体的不同，行政组织文化可划分为管理者行政组织文化与被管理者行政组织文化两大类别。具体而言，管理者行政组织文化在行政体系中占据主导地位，并发挥着决定性的作用。此文化不仅主导着本行政系统的基本行政价值取向，而且显著表现为对现有行政系统的坚定维护、对既得行政权力的坚决捍卫以及对现行政策的持续支持。而被管理者行政组织文化，虽非主导，但其重要性亦不容忽视。在特定条件下，此类文化能够影响并制约管理者的行政行为与行政倾向，甚至可能转化为主导性的行政取向。其特点在于，对于现存行政系统并无强烈的维护倾向，而是在行政系统取向复杂时，表现出多元化的态度，既有支持亦有反对，既有关心亦有漠视。当管理者与被管理者之间出现对抗性矛盾时，被管理者往往倾向于反对或质疑现存的行政系统。

在社会主义国家，行政机关的管理者与被管理者之间并无根本利益的冲突，他们均作为人民的勤务员，必须恪守依法行政的原则，全心全意地服务于人民。因此，从本质上看，他们之间的行政组织文化是高度一致的，都致力于维护和发展现有的行政系统，确保其稳健运行，以实现行政管理的根本宗旨和目标。

三、行政组织文化的功能

（一）稳定行政系统

行政组织文化在维护行政系统稳定性方面扮演着至关重要的角色，成为影响和制约行政系统稳定运行的核心要素。其实现途径在于通过行政组织文化的各个要素达成一致的行政行为。下面以行政组织文化中的行政组织价值观、行政团体意识和行政情感为例具体分析。

1.行政组织价值观

行政组织价值观作为行政组织文化的精髓，其独特的感召力与凝聚力，对于行政组织及其成员的各项行政活动具有显著的引导和规范作用，能够有效调整和优化各类行政关系。行政价值观作为一套评价系统，内在蕴含了明确的行政价值标准，促使行政组织成员自觉调整自身行为，激发活力，及时纠正与行政价值标准不符的行为，从而确保行政系统的协调统一与稳健发展。

2.行政团体意识

在行政系统的日常运作与活动中，会自然形成一种被全体行政人员所共同认同的团体意识。这种意识深刻体现了行政组织内部各主体之间所共享的一体化目标和利益，进而催生出一股强大的凝聚力，使全体行政人员的行为趋向高度统一。因此，这种行政组织文化所蕴含的行政团体意识，成为组织群体观念与行为实现凝聚化、一体化的坚实基础。

3.行政情感

行政情感是行政系统稳定运行的关键心理因素，也是其坚实的心理基石。高度的行政情感，高级别的行政情感，诸如责任感、正义感、忠诚感、集体感和热爱感等，对于行政系统的稳固意义重大。通过系统培养和强化这些情感，我们能够促进组织成员对行政系统形成共同的理解和认同，从而进一步巩固行政系统的基础，确保其稳定运行，防止任何潜在的动荡和崩溃。

（二）变革行政体系

行政组织文化的变革功能与稳定功能，在性质上呈现出显著的差异。在诸多情境中，行政组织文化往往被视为行政现实革故鼎新的重要基石。据著名组织理论家弗里蒙德·卡特斯和詹姆斯·罗森茨韦克的研究，组织变革的动力主要源自环境、目标与价值、技术、结构、社会心理和管理等七个层面。当上述任一要素发生变动时，组织内部便会产生变革的驱动力。

1.行政组织成员的价值观

在行政管理的实施过程中，行政组织的成员往往会基于自身的价值观念，对现行的行政系统作出评价，并据此采取适当的行政行为。当行政系统的运作与组织成员所秉持的价值标准产生冲突时，成员们可能会对当前的行政系统产生不满情绪，进而工作消极，甚至产生反系统的倾向。若行政系统的运行长期偏离大部分组织成员的价值观念，那么一旦这些成员联合起来，采取抵制和反对的行动，将不可避免地推动行政系统进行相应的改革和调整。

2.行政态度

行政态度作为组织成员行为的重要预测指标，深刻影响着成员对行政系统所采取的行动。当不支持、不赞同行政系统的态度在成员中普遍存在并汇聚时，将形成一股强烈的行为导向，推动现有的行政系统进行必要的调整与变革，以适应新的环境条件。

3.行政情感

鉴于多种因素，当组织成员对行政系统滋生愤怒、憎恶、蔑视、疏远、怀疑、犹豫等负面情感时，这种情感将通过成员间的相互传导，逐渐形成对行政系统共同的轻蔑认知、疏远态度、怀疑氛围和紧张心理。进而，这些共同的情感将汇聚成一股强大的力量，推动行政系统在这种行政情感合力的作用下，调整其运行方向或方式。

（三）支配行政行为

行政组织文化的功能，无论是对于行政系统的稳定性，还是对于行政体系的革新性，均建立在行政组织文化对行政行为的引领和支配作用之上。若行政组织文化未能有效支配和指引行政行为，则其对于行政体系的稳定和变革功能便无从实现。行政组织文化支配行政行为的功能主要表现为规范行政行为、引导行政行为和调整行政行为。

1.规范行政行为

行政组织文化对公务员的行政行为发挥着显著的规范与导向作用。其中，行政制度、行政道德及行政习俗等要素，共同构成了行政组织文化的核心，为全体行政人员提供了明确的行为准则和原则要求。

2.引导行政行为

行政组织文化，包括明确的行政价值观、崇高的行政理想、坚定的行政信念、清晰的行政意识以及高尚的行政道德，为国家行政机关及其公务员树立了规范的行为模式和明确的价值取向。这些行政组织文化一旦为公务员所内化，便会深刻渗透到他们的行政行为之中，发挥重要的行为引导作用。

3.调整行政行为

行政人员的行政行为持续处于动态发展之中，这种演变通常是通过行政组织文化对行政行为的规范化调整来实现的。当决策者的价值观念发生变动时，其决策的过程和内容亦将随之做出相应调整。同样，若决策执行者的价值观念发生变化，为确保决策的顺利执行，决策者需积极适应这一变化，对决策进行必要的调整和优化。

四、行政组织文化的构成

（一）思想性的行政组织文化

1.行政组织价值观

行政组织价值观，即行政主体对行政价值物、行政价值关系、行政价值创造活动及其成果的深度反映，进而形成稳定的心理倾向、评判标准和行为模式。作为行政组织文化的核心组成，它综合体现了行政主体的动机、目的、需求及情感态度，是对客观现实的深刻认识。行政组织价值观涵盖行政主体的思想观念、情感倾向、价值追求、行为模式等要素，贯穿于行政主体的思维与行为过程中，深刻影响并规范着行政主体的认知方向和行为模式，成为行政主体决策和处理事务的直接依据，是行政主体评估行政客体、行政行为及其成效的主观标准。其本质在于行政主体需求和利益的内在化。

2.行政组织意识

行政组织意识，是指行政主体对行政系统、行政活动及其内在规律的深刻理解和反映。其内涵主要包含以下四个方面：首先，行政组织意识所反映的对象，即行政系统、行政活动及其规律，这体现了其主观形式与客观内容的统一。其次，行政组织意识对其对象的反映并非消极、简单的过程，而是一个能动、复杂的运作，它拥有独特的发展规律，展现了一定的相对独立性。再次，行政组织意识在具体实践中表现为行政人员的认知方向、情感倾向以及评估标准。最后，行政组织意识在特定条件下能够转化为物质力量，对行政人员的行政行为产生制约和规范作用。

3.行政组织理想

行政组织理想，即行政组织对行政体系及其活动所抱有的期望，以及对行为体系完善的构思。此理想非凭空臆造的行政幻想，而是根植于行政主体实践之中，并据此形成能转化为具体目标且具有实现可能性的规划与设想。从另一维度审视，行政组织理想亦是行政主体奋斗的目标，然因其长远性与普遍性而区别于具体、特殊的行政组织目标。一个正确且贴合实际的行政组织理想，是行政层的精神支柱，能够激励、鼓舞行政人员为实现行政体系目标而勤勉工作、无私奉献，并作为行政组织不断趋向完善的重要动力。

4.行政组织信念

行政组织信念，承载着行政主体对行政原则和行政理想的坚定信仰。信念，即人们对于生活中所恪守的原则和崇高理想的深信不疑，其与理想是相互交织、紧密相连的。理想，作为信念的重要组成部分，不仅映射出信念的本质，更是其核心所在。一旦失去理想，信念的核心便无从谈起。行政组织信念特指行政主体对其所应恪守的行政原则和行政理想的坚定信仰，它构成了行政主体的精神基石，决定了行政主体在行政行为中的方向和结果。为了坚守并捍卫自身的行政信念，行政主体将不惜一切代价。

5.行政组织道德

行政组织道德，即行政主体在行政管理实践中所形成并应恪守的行政道德准则与规范的总和。作为衡量和评判行政行为的重要道德标准，行政组织道德一方面通过舆论引导和教育熏陶，深刻影响行政主体的心理认知与意识

形态，塑造其善恶观念、情感倾向，进而凝聚成行政主体的坚定信念，实现“心灵立法”的目的；另一方面，借助社会舆论、传统习俗以及规章制度的权威力量，在行政实践中确立并内化，成为规范行政主体间相互关系及个人行为的基本准则和规范。

（二）制度性的行政组织文化

行政组织制度并非仅属于物质层面或精神层面，而是兼具精神形态与物质形态两种表现形式。行政组织制度的精神形态涵盖了基础理论与规则系统两大核心要素。在行政组织制度的构建与形成过程中，均基于深厚的理论基础，如“三权分立”理论、“社会契约论”理念、系统管理理论以及行为科学理论等。同时，行政组织制度必须配套一套完整而具体的规则和规定，用以明确界定人们之间的相互关系以及各自的行为模式。这些规则和规定不仅是行政思想文化的集中体现，更是行政心理文化的具体凝结。行政组织制度的物质形态具体表现为行政组织系统和行政设备系统，这些实体架构为行政工作的顺利进行提供了坚实基础。精神形态属于行政管理的主观范畴，是行政组织文化不可或缺的重要组成部分，它深刻影响着行政组织的运行效率和价值导向。因此，应当明确区分精神形态与物质形态的行政组织制度，以确保行政工作的全面、系统、规范开展。

（三）心理性的行政组织文化

1.行政动机

行政动机，系行政人员以愿望、兴趣、理想等形态呈现的心理状态，其目的在于引发、维持并指导行政人员的行政行为，以满足特定的行政需求，并导向明确的行政目标。行政动机作为激励行政行为的根本原因，对于行政人员行为的效果、实现方式，以及行政行为的能动性、指向性和持久性等方面，均发挥着至关重要的制约作用。因此，构建和培育有效的行政动机激励机制，对于充分激发行政人员的积极性，发挥其内在的能动性和创新性，进而高效实现行政目标，具有极为重要的意义。

2.行政态度

行政态度系行政主体在行政管理实践中，针对行政客体所展现的、具备明确结构和稳定性的评价及行为趋向。其构成涵盖认知因素、情感因素及价值取向三个核心要素。这三个要素相互关联、互为制约，缺一不可。具体而言，认知因素构成其基础，情感因素发挥调节作用，而价值取向则起到指导性作用。

3.行政情感

行政情感，是行政主体在行政管理活动中对行政客体的直接评价和内心体验，具体表现为对行政客体的好恶、爱憎及美丑感受，进而引发的亲疏和信疑等情感倾向。这种情感的产生，根植于行政人员的日常行政活动之中，是行政主体与行政客体在价值、实践和认识层面上相互关系的直接体现，是行政主体对行政客体的一种特殊认知与反映。

4.行政习俗

行政习俗，是指在社会变革的特定阶段，行政主体在长期共同的行政实践中逐步积淀形成的、具有普遍意义的习惯和传统。这种行政习俗并非自然生成，而是行政主体在长期实践活动中形成的共识性习惯，表现为一种常态化、稳固化的行政行为范式。其特点在于其深厚的传承性和稳定性，一旦形成便会在人们之间代代相传，只要其生存条件尚存，便会持续存在于历史进程中。

综上所述，行政心理的产生与形成，深受长期行政社会化进程的熏陶。行政行为人个体所展现的特定气质、能力、性格、意志品质以及行为习惯等，均为“行政人”心理构建的基础要素。此外，行政心理受到所处现实行政环境的深刻影响。在相似环境中成长与生活的人们，既会展现出相对一致的行政心理，也会保留各自独特的行政心理特征。这种行政心理的一致性与多样性相互交织，共同构成了多元而丰富的行政心理整体。

第五节　行政组织的发展

行政组织作为一个开放且重要的社会系统，必须与环境保持高度的适应性，并在这一过程中追求动态的平衡。在当前社会急剧变革的背景下，行政组织必须积极适应社会变化，持续进行自我革新与完善，以实现与时俱进的发展目标。行政组织作为推行国家政务的法定机构综合体，具有特殊的社会性质，必须制定并执行全局性、长期性的规划与建设方案，以提升行政组织的效能，确保其健康发展，进而为社会的全面进步与发展提供坚实保障。

行政组织为确保其持续生存与发展，维持其活力与生机，必须紧密融入所处的外部环境，并根据环境变化进行持续且必要的变革。在此过程中，我们必须确保行政组织的发展遵循社会发展的客观规律，通过系统规划、有序步骤，实现其调整、创新与发展，以确保其与社会发展的同步性和协调性。

一、行政组织发展的内涵

行政组织发展，是指在科学预测未来社会发展趋势的前提下，行政组织人员依法对行政组织的职能、结构、技术、管理方式、人员配置及组织文化等方面，进行计划性、长期性的重大调整与改革，以提升行政组织的整体效能。行政组织发展具备以下显著特点：

行政组织的发展，是其积极适应环境变迁，基于科学预测社会趋势的基础上，所进行的旨在保障自身生存与持续进步的革新举措。这一发展进程并非仅限于被动的变革与调整，而是行政组织全体成员，特别是领导层，积极参与的、主动的、前瞻性的战略行动。

行政组织的发展，是在稳定、持续的进程中，行政组织所实施的一种有系统、长远的变革。一旦行政组织得以产生并确立，其便具备相对的稳定性和持续性。唯有行政组织具备足够的稳定性，方能成为推动发展的坚实载体，以及制定计划、规划的基础；只有行政组织保持足够的持续性，才能确保在组织目标、理念、方法等方面实现有序、稳定的变革。

行政组织发展，乃行政组织实现动态平衡、促进全面发展的必要变革。此变革旨在促使行政组织主动调整，不断调适以适应外部环境，实现自我完善的动态平衡。行政组织发展具有全面性和广泛性的显著特点，要求整个行政体系的各层次、各部门共同参与其中。此举将有效弥补行政组织在建立和成长过程中体制、职能、结构、技术、方式等方面的不足，进一步完善行政组织日常工作运转机制，推动行政组织系统全面调整结构、完善功能和制度。从战略性、全局性、整体性的高度出发，确保行政组织实现全面、健康、有序的发展。

行政组织的发展，本质上是一场旨在依法提升绩效的深刻变革。在行政组织及其制度长期运行的过程中，难免会出现一系列弊端，诸如官僚主义、形式主义、机构臃肿、人员冗余、效率低下以及腐败现象等。这些弊端不仅严重损害了行政组织的公众形象，更破坏了其应有的权威性，进而对行政组织的工作绩效产生了消极影响。

为了有效克服行政组织中的这些弊端，我们必须坚定不移地推进变革与发展。在此过程中，必须严格遵循社会发展的客观规律，坚持法定原则，严格按照法定程序行事，确保各项工作有法可依、有法必依、执法必严、违法必究。只有这样，才能确保行政组织发展的合理性和合法性，从而进一步提升行政组织的科学性和有效性。

行政组织的发展是一项高度复杂的系统性工程。为确保其有效推进，我们必须摒弃非理性态度，坚决杜绝任何违背发展规律的盲目行为。同时，我们应当科学分析行政组织发展的动力因素及其原因，以确保行政组织的健康稳定发展。

二、行政组织发展的动力因素

行政组织的发展，其核心旨在提升和优化组织的绩效水平。因此，必须深刻认识到行政组织内外部环境的变迁，以及在组织运行过程中所涌现的各类问题和挑战。同时，积极探寻行政组织发展的根源，这将有效减少和化解行政组织发展所面临的阻力，确保其健康、稳定和可持续发展。

行政组织的发展动力，是指推动组织从低级向高级迈进、从无序向有序转变的各相关因素在相互作用中所形成的合力。这种动力源自行政组织内部与外部多种因素的相互交织与影响。具体而言，行政组织发展的动力因素可细分为外部环境和内部机制两大类别。外部因素主要涵盖政策环境、社会环境等，而内部因素则涵盖组织结构、组织文化、人员素质等多个方面。

（一）外部因素

外部因素，即行政组织发展所处的外部环境。行政组织的发展常受多重环境因素的制约，涵盖政治、经济、文化、社会、法制、科学技术、人口以及资源环境等多个层面。这些环境因素通常对行政组织的发展产生间接而深远的影响，一旦发生剧烈变动，往往会引发行政组织的重大变革。因此，行政组织的发展必须与社会环境保持高度的适应性，以应对外部环境带来的各种挑战和制约。

（二）内部因素

1.行政组织目标和价值取向

行政组织目标，即行政组织所期许并通过努力期望达成的组织成效。它是行政组织存在和持续发展的根本基石。对于每一个行政组织而言，确立一个清晰明确的目标至关重要，且需在不同历史阶段设定具体目标。行政组织目标不仅是行政组织机构设立的首要考量，更是行政组织活动导向的指南针，以及行政组织工作任务确立的基石。一旦目标发生修正或变动，将直接关联到行政组织的工作任务、组织结构、人员素质、工作方法与管理策略的相应调整，从而赋予行政组织发展以强大的推动力。

行政组织的价值取向，即其在运作过程中所秉持的核心理念和行动准则。行政组织内部人员对于价值取向的调整、思想觉悟的提升以及工作态度的转变，均对行政组织的整体发展具有深远影响。例如，随着社会大众对威权与民主、管制与服务、公平与效率、权力与责任、政府与民众等关键问题的认知和价值观念的转变，行政组织亦将随之发生显著变化，推动其体制创新、管理方式优化以及全面进步。

2.行政组织文化

行政组织文化乃行政组织管理的核心要义，其在行政活动中的深刻渗透与广泛影响，使行政组织的各项活动、组织体制及组织管理均浸润于一种特定的文化氛围中。行政组织文化源于一定的历史背景，是行政组织实践中对行政实践的深刻反思和认知体现，是通过行政社会化形成的行政思想、行政制度和行政心理的集合。行政组织文化随时代之发展而演进，同时，行政组织的进步亦与之相辅相成。譬如，行政组织所倡导的学习型文化，极大地推动了行政组织向学习型组织的转型与发展。

3.行政组织管理

行政组织管理的有序实施，对于推动行政组织发展具有举足轻重的地位。其中，行政领导者的变动往往成为直接影响行政组织发展的关键因素。行政领导者的思想境界、履职能力、人际关系处理以及领导风格等各有特点，当领导层发生变动时，新任领导者往往会以新的视角审视既有组织，发现潜在问题，并采取相应的解决措施。同时，行政工作人员的素质提升也呈现出动态变化的态势。当他们的工作热情由低沉转为高昂、人际关系由紧张转为和谐时，行政组织的活动亦将随之发生显著变化。此外，那些具备先进管理理念与卓越管理技能的行政组织成员，将成为推动行政组织发展的中坚力量。同样，管理方法的创新与变革也是推动行政组织发展的重要因素。当行政组织由经验管理转向科学管理，或由一种管理方法转变为另一种更为高效的管

理方法时，都将在一定程度上促进行政组织的整体发展。

4.行政组织技术

行政组织活动的深入开展，已深度融入现代科学技术的精髓。随着科技的全面渗透，不仅推动了管理方法的革新、管理手段和装备的现代化升级，更进一步改变了行政管理的实践模式。这一变革不仅作用于行政组织活动的外在对象，同时也在管理内部产生了深远的影响，促使管理者从思想观念到实际行动的全面更新。机械化、自动化、信息化、网络化等前沿技术的广泛应用，对行政组织的演进产生了深远而广泛的推动作用，引领了公务员劳动形式的创新、组织机制的有效转换等一系列重要变革。这些变革在行政组织的结构、心理等多个维度均产生了显著的影响，有力推动了行政组织的现代化进程。

5.行政组织结构

行政组织结构乃组织内部各要素间相互关联、协同作用之机制。随着行政组织目标与价值取向的明确、组织文化的塑造、管理方式的优化以及技术革新的推进，行政组织结构需进行相应调整，进而促使整个组织内部关联与作用方式发生转变，从而带来组织系统效能与作用的显著变化。此调整旨在实现行政组织的有机整合，并充分发挥其整体效能。例如，精简行政组织部门设置、调整部门层次，将有助于提升整个行政组织的协调运作效率，推动其持续健康发展。

综上所述，推动行政组织发展的动力因素具有多元性。这些动力因素并非孤立存在、互不联系，而是彼此交织、相互作用，共同形成一个合力，进而推动行政组织的持续进步与发展。

三、行政组织发展的内容

美国著名管理学家哈罗德·利维特曾明确指出，组织发展的核心要素涵盖三个方面：组织结构、技术革新与人事管理。对于行政组织而言，其发展

更是涉及系统内的各个层面，具体来说，包括行政组织职能的深化与拓展、组织结构的优化与调整、管理技术的创新与发展，以及人事管理的科学与规范。这些要素共同构成了行政组织全面发展的核心驱动力。

（一）行政组织职能的发展

行政组织职能，即国家行政组织在特定社会发展阶段，依法履行对国家社会生活各领域管理的职责与功能。此职能深刻体现了行政组织所承载的统治阶级意志，精准反映了行政组织活动的内容、实质及基本导向。行政组织职能的确立，基于特定历史阶段的社会政治、经济、文化生活的客观需求。关于行政组织职能的转变，其内涵主要涵盖以下四个方面：一是实现行政组织经济化管理职能的转型；二是调整行政管理权限的分配；三是优化行政组织职能的实现方式与途径；四是促进行政能力的转换与提升。这些转变旨在推动行政组织由“全能型”向“有限型”转变，由微观管理转向宏观调控，从而显著提升行政组织的整体效能。

（二）行政组织结构的发展

行政组织结构，是行政组织内部各要素间相互关联、协同作用的模式，是行政组织内部各要素有序排列与组合的体现，涵盖组织的纵向管理层级与横向管理范畴，以及行政组织整体内部纵向与横向的结构布局与部门之间的关系。行政组织结构的合理性，直接关乎行政组织系统运行的优劣与效能的高低。依据外部环境的变化，对行政组织结构进行适时、适度的调整，实属必要之举。行政组织结构的发展，核心在于通过行政组织机构的调整，优化行政组织系统内部的构成方式，从而提升行政组织的适应能力与绩效表现。

（三）行政组织管理技术的发展

行政组织管理技术涵盖工作操作技术与管理技术两大领域。在优化工作技术方面，重点在于革新技术流程、升级工作设备，积极引进新技术、新工

艺、新设备，并科学合理地安排工作任务。同时，在管理技术层面，需要不断创新行政信息的收集与处理技术，更新行政工作的监控技术和管理工具。为确保技术改良工作的顺利推进，必须高度重视基础工作的扎实开展与组织配套工作的完善，以充分发挥新技术的最大效能。

（四）行政组织人事管理的发展

行政人员作为行政组织活动的核心力量，其素质高低、积极性强弱以及工作作风的优良与否，均对行政组织活动的效率和成果产生直接而深远的影响。为了确保行政组织活动的顺利开展，科学的人事管理制度显得尤为重要，它为行政组织提供了坚实的人才保障。行政组织均积极致力于构建与当前政治制度、经济制度和行政体制高度契合的科学人事管理制度，以期打造一支具备优化结构、精湛业务、高效执行、廉洁自律的行政人员队伍。

在行政组织人事管理的发展过程中，以下几点应当被严格把握：

人事管理调控是一项至关重要的工作，它涵盖了政府机关编制、职位的规范化设置，以及工作人员总量和工资总额的科学调控等方面。

为确保人事配置的高效与合理，必须严格执行相关的人事配置程序。这包括人员的录用、任免、调任、轮换、挂职锻炼、回避、辞职、退休及开除等各个环节。人事管理的核心在于优化人事配置，确保人员与职位、职责、职权的高度匹配，进而推动行政组织内部人员的合理流动，为行政组织注入新的生机与活力。

充分开发和利用行政组织人员资源。开发意味着对行政组织人才资源的深度挖掘与培养，即将行政组织工作人员的智慧、知识、经验、技能及创造性等视为宝贵资源，通过一系列的培养、发掘和使用活动，使其得到充分发挥。行政组织应通过激励机制，如优化报酬制度、考核制度和奖惩制度，充分激发行政人员的积极性和创造力。

第四章　公共部门人力资源管理概述

第一节　公共部门概念界定

关于公共部门的界定，国内外学术界持有不同的学术见解，其中经济学家、管理学家以及社会学家均给出了各自的专业表述。

一、国外学者对公共部门的定义

美国经济学家希克斯在深入剖析部门性质与决策过程的基础上，对公共部门作出了如下定义：公共部门所提供的服务与产品，其范围与种类并非直接受消费者个体意愿所驱动，而是由政府机构在民主社会中基于公民代表的集体决策进行确定的。这一界定凸显了公共部门在民主社会中的独特角色与决策机制。

美国经济学家斯蒂格利茨基于政府机构与私人机构的本质区别，对公共部门进行了深入剖析。在此过程中，他明确指出，区分“政府”机构和私人机构的核心要素有两点：首先，在民主社会的架构下，负责公共机构运营的个体，均是通过民主选举产生，或由选举产生的代表进行任命，以确保其合法性和民意基础。其次，政府作为国家权力机构，被法律赋予特定的强制权力，以维护社会秩序和公共利益，而私人机构则不具备此等权力。

鲍德威·威迪逊深入探讨了公共部门与私人机构在市场机制反应上的差异。他指出，私人厂商基于市场定价机制，根据市场供求关系所确定的价格进行响应，并据此展开自利性经济活动。这些在市场机制下运作的厂商集合，被统称为私营部门。而政府或公共部门则通过征税、实物产品及服务支出、直接对家庭和厂商进行货币转移，以及制定法规等方式，为私营部门的运行提供制度框架，并进行资源配置的决策。

英国管理学领域的专家诺曼·弗林，立足于管理学的视角，对公营部门（即公共部门）与私营部门的界限进行了详尽阐述。从公众和雇员的视角来看，两者之间的界限或许并不显著，然而，从公共物品和公共服务的角度出发，公共部门与私营部门则显现出明显的差异。具体来说，这四个方面的差异主要包括：①两者在提供物品和服务时所展现的公共属性存在本质区别；②服务资金的来源渠道有所不同；③设施的所有权归属以及服务提供者的雇用关系存在显著差异；④在物品和服务的享用上，是否仅限于付费者，以及是否存在经济门槛，导致部分群体（如贫困人群）被排除在外。

二、国内学者对公共部门的定义

在界定公共部门的问题上，国内学者呈现了多元的视角。蒋洪等学者着重强调政府所有的核心地位，他们将公共部门定义为：在社会中由政府所有，并致力于贯彻执行政府方针政策的各类经济实体（涵盖机关、事业和企业单位）之总和。这些公共部门的共性在于：其一，它们均具备公办的性质；其二，其活动在政府的直接控制下运作，并在不同程度上贯彻政府的方针政策。

另一方面，谭融等学者则指出公共部门以公共权力为基础，其定义侧重于以公共权力为基石，以服务公共利益、管理公共事务为宗旨，具备明显的强制性，隶属于国家部门。就我国实际情况而言，公共部门涵盖了政府部门、隶属于国家的事业单位以及部分国有企业单位。

三、概念界定

综合国内外学者的研究，现将公共部门的定义明确为：以推动社会公共利益为核心目标，以公共权力为基石，依托公共资金的调配，负责公共事务的管理与服务，致力于为社会提供公共产品的组织体系。在我国，公共部门主要涵盖国家机关、事业单位以及部分国有企业。以下是详细阐述：

国家机关，作为拥有公共权力的组织，其职责在于制定与执行国家宪法、法律，维护社会秩序，依法管理或参与管理国家和社会公共事务，提供公共产品与服务，并致力于谋取公共利益。此类机构不追求营利，其运营经费全部来源于国家公共财政。这些“纯粹的”公共部门，包括但不限于立法机关、行政机关、监察机关、司法机关以及检察机关，还包括中国共产党机关、中国人民政治协商会议、各民主党派和工商联机关等。其公共性、合法性和权威性决定了它们既是政治组织，又是公共管理组织。在传统观念中，这些国家机关构成了“公域”的核心，是公共部门不可或缺的组成要素。

事业单位，作为政府委托、授权或投资设立的机构，致力于提供准公共物品与服务，其根本宗旨在于非营利性质。其运营资金部分来源于国家公共财政拨款，部分通过向服务接受者收取费用以收回成本，属于准公共部门范畴。部分事业单位涉及社会公共事务管理或公共服务，职能与纯公共部门相近，如人民团体、群众团体等群团组织，以及中国青少年基金会等。另有部分事业单位专注于社会公益与公共服务，如公立医院、学校、疗养院、养老院、幼儿园、文化馆、图书馆、美术馆、博物馆、科研机构、公益组织、社会福利机构等。政府对事业单位实行行政管制，对其服务或产品定价，并要求其活动充分体现政府意图，直接服务于政府目标。此类事业单位通常不采用企业化管理模式，尽管部分组织已逐渐引入企业化经营模式，形成企业化运营流程，但其核心性质仍为提供公共服务，与私人企业有本质区别。事业单位不以营利为目的，所得利润不用于个人营利性分配，而是用于扩大公益事业，因此，它们仍然是公共部门的重要组成部分。

公益类国有企业，系由政府出资设立，旨在提供（准）公共物品或服务，以社会效益为首要考量，实行企业化运营模式。该类企业由政府投资，并在生产领域享有政府垄断地位，价格制定亦由政府统一规划。尽管实行企业化经营，自负盈亏，但在必要时，政府将给予相应的补贴支持。此类企业构成准公共部门的重要组成部分，涵盖了各类国有企业和公共公司。在内部经营方式上，国有企业与私人企业并无显著区别。然而，鉴于其产权的国有性质，运营资源源于公共资源，且受到政府主管部门或其授权部门的严格监督与管理，因此，公益类国有企业被视为公共部门的重要一环。

第二节　公共部门人力资源管理研究

一、人力资源与人力资源管理

（一）人力资源的概念

在现代组织架构中，人力资源无疑构成了组织资源的关键部分。在我国，人力资源这一概念在 20 世纪 90 年代逐渐得到广泛认可。鉴于不同学者对“人力资源”概念理解的角度和范围存在差异，其定义表述亦不尽相同。部分学者将人力资源界定为当前生产过程中实际投入的劳动力总量，即组织内部现有的劳动力人口存量；而另一些学者则主张，人力资源应涵盖特定区域内所有具备劳动能力的人口总量，这既包含当前参与生产过程的劳动力人口，也涵盖即将进入生产流程的潜在劳动力人口，以及暂时失去工作但仍保有劳动能力的失业或待业人口等。前者侧重于组织内部现实的人力资源构成状况，而后者则从更为宏观的视角，扩展了“人力资源”的边界，将其定义延伸至某一地区乃至整个国家内所有现实的或潜在的劳动力人口。

目前，学术界在探讨人力资源的内涵时，多采取广义的视角，将人力资源定义为拥有智力劳动和体力劳动能力的社会成员的总集合。从组织层面而言，人力资源是指特定时期内，组织内部成员所具备的教育、能力、技能、经验及体力等要素，这些要素能够被组织有效利用，并对组织的价值创造产生积极影响。

（二）人力资源管理的含义

人力资源管理，指的是通过采用现代科学的手段和方法，对人力资源进行合理、有效的培训、组织和调配。这一过程旨在确保人力与物力资源得到最优化配置，同时通过适当的方式对人的思想、心理和行为进行引导、控制和协调。这样的管理方式能够最大限度地发挥人的主观能动性和潜能，实现人尽其才、事得其人的目标，进而确保组织能够高效、和谐地运作，实现既定的组织目标。

随着全球经济的快速发展，人力资源管理在组织管理中的作用也变得日益重要。一个组织能否健康发展，在很大程度上取决于员工素质的优秀与否，取决于人力资源管理在组织管理中的受重视程度。

二、公共部门人力资源与人力资源管理

（一）公共部门人力资源

公共部门人力资源，是指所有在公共部门任职，致力于为社会公众提供公共服务、管理公共事务及优化配置公共资源的人员资源。作为社会公共资源的管理者、公共政策的决策者以及公共产品与服务的供给者，公共部门人力资源在公共管理与公共领域中占据着举足轻重的地位，发挥着至关重要的作用。

根据公共部门的定义，公共部门人力资源的构成广泛，不仅涵盖了政府

公务员，也包括了那些虽不直接属于公务员编制，但在第三部门从事公共服务工作的人员。政府组织作为公共部门的核心，政府公务员无疑是公共部门人力资源的重要组成部分。根据《中华人民共和国公务员法》的明确界定，公务员是依法从事公共事务管理，被纳入国家行政编制，且其工资和福利由国家财政承担的工作人员。因此，公务员是代表国家行使行政权力，履行公务职责的专业人员。

公共部门人力资源还包括政府系统内部的事业编制人员、工勤人员和临时工作人员等。事业编制人员是指任职于各级政府机关及其下属事业单位的专业人员。其中，一部分人员的管理参照《中华人民共和国公务员法》的相关规定进行，以确保其职业行为符合国家的法律法规和职业道德标准；而大部分人员则实行聘任制管理，通过合同形式明确双方的权利和义务，以实现更灵活、高效的人事管理。

工勤人员是政府体系中具有正式工人身份的员工，此类人员源自政企未明确分离的历史阶段，当前留存者已为数不多，且鲜少进行新的招聘与录用。

政府系统内的临时工作人员构成主要分为两大类别：首先，是那些并未拥有国家正式编制，但已与政府单位签署临时雇用合同的人员；其次，则是所谓的“借用人员”，即政府为达成特定重要任务，从社会或其他部门临时调配而来的工作人员。一旦相关任务完成，这些“借用人员”将返回原单位继续其原职工作。

在我国公务员体系中，还存在一小部分聘任制公务员。这些聘任制公务员是政府在顺应市场经济发展趋势、优化公务员队伍结构的过程中，经过深入探索和改革的成果。具体而言，政府机关根据工作实际需求，经过省级以上公务员主管部门严格审批，对专业性强、辅助性职能明显且不涉及国家机密的职位，依据平等自愿、协商一致的原则，以合同形式进行聘用，从而形成了聘任制公务员队伍。

（二）公共部门人力资源管理

1.概念

公共部门人力资源管理是指公共部门中的各类组织，按照既定目标，对所属人力资源进行的全面管理。这包括战略规划、人员招聘、选拔任用、培训发展、薪酬激励、绩效评估以及权益保障等一系列管理环节，旨在优化人力资源配置，提高公共部门的工作效能。

公共部门人力资源管理涵盖宏观与微观两个层面。宏观管理聚焦于整个公共部门系统，旨在确保人力资源的整体结构与发展需求相匹配。它依据法律规定，对公共部门内外人力资源的供求状况进行中长期的宏观统计、预测与规划，构建公共部门人力资源的基本制度与相应策略，以战略性视角规划人力资源的发展，进而维护良性的人才市场秩序与前瞻性的人力资源规划。而微观管理则侧重于具体的公共组织，依法开展本部门内的人力资源开发与管理活动，确保组织内部人力资源的有效利用与持续发展。宏观与微观管理相互依存、互为支撑，共同推动公共部门人力资源管理的优化与发展。

总体而言，公共部门人力资源管理聚焦于公共管理中的核心要素——人的管理，其目的在于通过优化人力资源的配置和使用，从而最大限度地促进组织目标的实现。从宽泛的视角来看，公共部门人力资源管理涵盖了国家及地区范围内公共人力资源的获取、维护以及发展；而从更为具体的层面分析，它则聚焦于国家各部门内部的人力资源管理活动。

2.公共部门人力资源管理的特点

公共部门人力资源管理是以现代人力资源理论和管理思想为基石，全面革新公共部门人事行政管理的理论与实践。它不仅是对传统模式的超越，更是习近平新时代中国特色社会主义思想的深刻体现。公共部门人力资源作为国家人力资源总体的重要构成，既具备人力资源的普遍性特征，也因其服务于国家政权组织的特殊性而呈现出独特性，具体表现如下：

（1）政治性。公共部门人力资源，作为国家和公民公共权力的受托者，

负责执行国家法律及重大决策，其在国民经济和社会发展的全局中占据着举足轻重的地位。因此，对公共部门人力资源的要求尤为严格，他们必须具备深厚的理论基础、精准的政策把握能力、牢固的法制观念和高度的政治觉悟。

（2）公共性。公共部门与企业组织存在显著差异，特别是政府组织，其一切行动均须契合并有利于公民的意愿、利益及需求，否则将失去其赖以存在的基石。公共管理致力于维护社会的整体公共性特质，这一特质直接关联到广大社会成员的切身利益与生活质量，与企业组织追求单一利润最大化的目标截然不同。因此，公共部门在人力资源管理方面，必须紧密围绕向社会提供公共产品与服务的组织宗旨展开，确保公共性成为其人力资源管理的核心特征。

（3）道德性。公共部门人力资源，因其独特的地位和职能，其行动与成效直接关联到政府的权威与形象。因此，公共部门人力资源的政治品质和职业道德修养，对于国家公共部门的形象塑造至关重要。为此，公共部门人力资源在政治素质与道德标准上，应超越国家整体人力资源的平均水平。这要求公共部门的员工必须坚守高尚的职业道德，秉持积极的工作态度，并展现出严谨的工作作风。

（4）法治性。公共部门的人力资源管理是在国家法律法规指导下进行的，相比企业人力资源管理，其受到的制约更多，具有鲜明的政策导向性。公务员作为公共部门的重要组成部分，其权利、义务及责任均由法律和法规明确界定；同时，公共部门人力资源管理机构在运作过程中也必须遵循法律法规的规定。此外，公共部门人力资源管理活动始终受到社会公众的高度关注与监督，以确保其活动符合公共利益和公众期望。

（5）复杂性。公共部门组织和人员的绩效测量相较于私营部门，其难度显著增加。公共部门的职责和目标往往带有抽象和象征性质，旨在实现公共利益和社会效益，因此，无法仅依赖经济指标作为主要的衡量标准。部分产出成果无形，难以通过价格量化，或在短期内显现成效，更有一部分成果源自部门间及公职人员的协作努力。政策目标的复杂多变，服务对象的多元化和差异性，以及公众期望的多样性，共同构成了公共部门组织和人员绩效评价的复杂性。

（6）稳定性。鉴于公共部门人力资源管理的特殊性，其运作受到更为严格的法律法规约束，且公共部门的组织结构较为固化，导致管理模式难以实现根本性的转变。因此，公共部门人力资源管理呈现出显著的稳定性特征，具体体现在管理理念、管理职能、管理过程、管理工具及方法的稳定与缺乏灵活性，相较于企业部门而言，其变动性较小。

3.公共部门人力资源管理的任务

公共部门人力资源管理的任务，既要满足公共部门实行社会管理、社会服务、实现公共组织管理与发展目标的人才需求，获取与开发各类、各层次人才，也要满足公共部门工作人员个人成长与发展的需求。为了实现上述目标，公共部门人力资源管理的基本任务如下：

一是构建一个适宜人才发展的环境。人才的成长与发展始终依托于其所处的环境，公共部门人力资源的环境对于其健康成长和有效配置具有决定性作用。一个积极向上的环境将极大地推动公共部门人力资源的开发与利用；而一个消极的环境则会对人才的成长产生阻碍，甚至造成人才资源的浪费。因此，公共部门人力资源管理的核心任务之一，就是营造一个有利于人才成长、发展以及高效利用的优良环境。

二是积极推进人事行政管理体制的革新。公共部门的人力资源管理体制，作为国家政治体系中的关键环节，直接影响着公共部门的人才选拔与使用机制，同时也决定了人力资源成长的路径。一个健全有效的人力资源管理体制，对于维护国家政权的稳定具有不可或缺的作用。而陈旧过时的人事行政管理体制，不仅会阻碍社会人力资源的健康发展与供应，还可能成为限制社会进步的瓶颈。因此，公共部门人力资源管理的当务之急，便是积极改革传统计划经济体制下的人事行政管理体制，以更好地适应现代社会的发展需求。

三是构建契合社会主义市场经济体制的管理机制。在当前背景下，建立与现代社会主义市场经济体制相适应，并能有效促进公共部门人力资源开发

与管理的现代人力资源管理机制，已成为公共部门人力资源管理的核心任务和迫切需求。为此，应持续深化并优化公务员制度，在公共部门人力资源管理中积极引入竞争机制、保障机制、激励机制、新陈代谢机制以及监督管理机制等高效科学的管理方法与手段，进一步推动我国经济体制和政治体制改革的深入发展。

四是深化公共部门人力资源管理的法治化改革。法治化不仅是现代社会的治理基石，也是公共部门人力资源管理不可或缺的原则。通过深化公共部门人力资源管理的法治化改革，进一步规范政府的人事管理行为，消除人力资源管理中的不当之处，坚守公平、公正、公开的原则，从而构建一个吸引、培养和留住优秀人才的法治化环境。

五是构建一套科学、系统且与时俱进的管理方法与管理手段。过去，我们更多地依赖于定性分析，而忽视了定量分析的重要性。然而，随着市场经济的快速发展和不断完善，我国的公共部门人力资源管理迫切需要建立与之相匹配的、现代化的、科学的管理体系和方法，以确保人力资源的开发与管理能够更加科学、高效，并适应时代发展的需要。

第五章　事业单位人力资源管理历史沿革

第一节　事业单位概念、特点及范围

一、概念

事业单位，作为中国特色社会主义建设的重要支柱，其独特的组织形式在公共部门中占据重要地位。它不仅是我国经济社会发展的重要保障，更是提供公益服务的主要力量，对于推动中国特色社会主义现代化建设具有不可替代的作用。

在中华人民共和国成立之初，“事业单位”这一称谓便已在我国的各类文件中得以呈现。1952 年中央人民政府政务院发布的《关于全国各级人民政府、党派、团体及所属事业单位的国家工作人员实行公费医疗预防的指示》（以下简称《指示》）中，首次提及并运用了“事业单位”的称谓，但并未对其具体概念进行详尽且明确的界定。

1955 年，《关于一九五四年国家决算和一九五五年国家预算的审查报告》（以下简称《报告》）明确指出：“第四，为优化财政资源配置，各机关及事业单位应降低事业费、购置费及办公杂支费的开支标准，同样地，各企业也应执行此类费用的开支标准降低措施。”从《报告》中可清晰窥见，当时国家采纳的是“大一统”计划经济体制，国内的组织机构主体尚不繁多，各

类国有组织机构主体的经费均由国家预算统筹安排。依据国有组织机构主体所承担的职能及经费来源，已初步形成三类主体的划分，即机关、事业单位、企业。尽管当时尚未有规范性文件对事业单位进行明确的概念界定，但已在实践中形成事实上的区别和划分。

事业单位概念的最早界定出自 1963 年《关于编制管理的暂行办法（草案）》（以下简称《草案》），指为国家创造或改善生产条件、促进社会福利、满足人民需求的单位，经费由国家事业费开支。1965 年《关于划分国家机关、事业、企业编制界限的意见》中进一步明确为：直接从事工农业生产和人民生活服务活动，产生的价值非货币化，属于全民所有制单位，列为国家事业单位编制。

随着改革的进一步深入，事业单位的概念及其内涵已经得到了新的拓展和深化。目前，我们所采用的概念是依据《事业单位登记管理暂行条例》（中华人民共和国国务院令第 411 号）（以下简称《条例（2004）》）第二条的规定："本条例所称事业单位，是指国家为了社会公益目的，由国家机关举办或者其他组织利用国有资产举办的，从事教育、科技、文化、卫生等活动的社会服务组织。"此规定在法律层面上为事业单位的定义提供了明确规范。

二、特点

（一）公益性

事业单位作为社会服务组织，其核心宗旨与持续发展的基石在于其公益性。事业单位并不以追求经济利益为导向，而是专注于履行广泛的社会服务职责。其主要活动聚焦于教育、科技、文化、卫生等关键领域，致力于开展各类公益性质的活动，以满足社会的多元化需求。

（二）法律性

事业单位的设立须遵循严格的法定程序，并满足必要的法人资格要求。依据《条例》的明确规定，事业单位必须获得县级以上各级人民政府及其相关主管部门的批准后方可成立，并在成立后依照规定进行登记或备案。根据《中华人民共和国民法典》第八十八条的条款，对于符合法人条件，旨在适应经济社会发展需求并提供公益服务的事业单位，经过依法登记成立，将取得事业单位法人资格；而对于依法无须进行法人登记的事业单位，自其成立之日起，即具备事业单位法人资格。

（三）组织性

事业单位是国家机关或其他组织利用国有资产创设的社会服务单位，具备鲜明的组织框架，独立享有名称、组织体系及运营场所，配备与其业务范畴相匹配的专职人员与资金渠道。依法注册成立的事业单位，具备独立的法人身份，能够自主承担民事法律责任。

（四）专业性

事业单位作为公共服务体系的重要组成部分，主要聚焦于教育、科技、文化、卫生等关键领域，具备高度的专业性和知识性。这些机构汇聚了众多高层次人才，通过运用其深厚的专业知识和精湛的技术能力，向社会提供包括教育文化、科研创新、医疗卫生等多方面的服务。专业性不仅是事业单位的基本属性，更是其显著的社会服务职能之一。

（五）公立性

从组织定位的角度分析，事业单位是由国家机关或其他组织利用国有资产设立的，专注于提供社会服务与公共管理的组织；在经费来源方面，事业单位的资金主要来源于财政补助和非财政补助两类，而这两类经费的源头均

为国有资产。

（六）从属性

从事业单位的历史脉络来看，事业单位从其诞生之初就带有明确的从属性。《指示》中明确规定了“全国各级人民政府、党派、团体及其所属事业单位”的范畴。《条例（2004）》也详细说明了事业单位是由国家机关或其他组织依托国有资产设立的社会服务组织。因此，从事业单位的设立过程可以明确看出，事业单位是隶属于其主办单位，即国家机关或其他组织的，且在组织管理层面具有清晰的上级监管单位。

三、范围

根据 2014 年 1 月 24 日修订的《事业单位登记管理暂行条例实施细则》规定，我国的事业单位现今分布于 27 个行业领域之中，涵盖了教育、科研、文化、卫生保健、体育健身、新闻出版、广播电视、社会福利、灾害救助、统计研究、科技推广与实验、公共设施管理、物资存储、监测预警、勘探勘察、测绘、检验鉴定、法律服务、资源管理、质量技术监管、经济监督、知识产权管理、公证认证、信息咨询、人才服务、就业指导以及机关后勤服务等社会服务组织。

第二节 事业单位人事制度改革

一、人事制度“大一统”时期（1949 ~ 1977 年）

在中华人民共和国成立至改革开放前，国家对事业单位的人事管理采取了人员编制管理模式，这一模式与机关人员管理保持了高度的相似性，带有显著的行政色彩，而在科学分类和规范性方面则存在不足。事业单位人员的工资薪酬及各项福利待遇与其编制定额紧密相关。具体而言，编制管理采取严格的控制策略，各机关和事业单位的费用定额，以及事业单位的人员定额，均依据中共中央和国务院的指示进行修订和调整。各级编制委员会承担着行政编制和事业编制的双重管理职责，以实现统一管理和严格控制的目标。同时，地方各级国家机关的精简方案需经过中央和国务院的审查批准。

在干部人员管理方面，体现了高度的行政化特点，实行的是由中共中央及各级党委组织部门统一领导、统一管理的分部、分级管理体制。国家行政机关所属事业单位工作人员的奖惩问题，则由国务院各主管部门参照相关规定，制定相应的奖惩办法。此外，在福利待遇方面，机关单位与事业单位的人员之间，区别并不明显。

二、人事制度改革探索期（1978～1991年）

在此时期，改革重点聚焦于官僚主义、权力集中过度、家长式领导风格以及干部领导职务终身制等弊端上。在党委的集中领导下，采取组织部门统一管理与分部、分级管理相结合的方针，各级党委逐步缩小管理干部的范围，并适当下放管理权限，以赋予企业、事业单位更大的管理自主权。

（一）专业技术干部管理体制的改革也被列为重要议程

为了与国民经济管理体制和干部管理体制相适应，科学技术干部的管理在中央及各级党委的领导下，由中央及各级党委组织部进行统一规划；根据科学技术干部的特点，按照其技术水平、职称和级别，实行国务院、国务院各部委和省、自治区、直辖市分级管理的模式；推进科学技术人员管理制度的改革，促进科技人员的合理流动，鼓励研究机构、设计机构和高等学校试行聘任制，允许科技人员在完成本职工作的同时适度兼职，并切实保障其合理的薪酬待遇。

（二）编制管理张弛有度

推动具备条件的科研、设计、文艺、新闻出版等事业单位实施企业化管理，鼓励其实现经济上的全面自给自足；对于已经成功转型为企业管理模式且不再依赖国家财政拨款的事业单位，其编制员额可适度增加灵活性；对于仍需国家财政资金支持的事业单位，其编制员额必须根据工作任务的优先级和紧迫性，进行严格、合理的调配和掌控。

（三）推进干部人事实行分类管理

为持续推进权力下放，实现政府与企事业单位的和谐发展，按照自主经营、自主管理的指导原则，进一步将经营管理权授予企事业单位。同时，在干部人事制度改革方面，在构建国家公务员制度的同时，对其他各类人员实施更为精准的分类管理。具体来说，群众团体的领导人员和工作人员、企事业单位的管理人员，原则上应由其所属组织或单位，根据各自的章程或条例进行自主管理和监督。

（四）政府职能转变带来新发展

1988 年，中央政府为深化行政体制改革，以政府职能转变为核心，同步推进政府内部管理的规范化与制度化。政府职能转变主要涵盖五个要点：一是从微观层面管理转向宏观层面调控，二是从直接干预转向间接引导，三是从部门分割管理转向跨部门协同管理，四是从以管理为主转向以服务与监督并重，五是从机关内部承担社会服务职能转向推动后勤服务社会化。此次改革对政府职能的重塑具有深远的影响，促使政府更加注重宏观指导和间接调控。然而，受多种因素制约，地方政府改革计划暂时未能实施。

1989 年，《中华人民共和国行政诉讼法》正式颁布，标志着我国行政法治建设迈出了关键性的一步。随后，1990 年，《中华人民共和国行政监察条例》《行政复议条例》相继出台，进一步巩固了行政法治的基石。在此期间，我国事业单位在组织机构、领导体制、管理体制、任用制度以及工资分配制度等多个方面均取得了显著的改革进展。具体包括对国家机关所属事业单位的清理整顿，实行归口管理以提升效率；建立政府特殊津贴制度以激励优秀人才；人才市场逐渐形成并蓬勃发展，为人才流动提供了更加广阔的平台；此外，出台事业单位专业技术人员和管理人员辞职辞退暂行规定，以规范人员流动和管理。

三、人事制度改革完善期（1992～2011年）

（一）人事劳动制度改革加快

1993年8月，《国家公务员暂行条例》正式颁布，标志着政事分开改革取得了关键性进展。公务员制度的确立，不仅为事业单位干部人事制度改革的完善提供了宝贵的实践经验，还显著推动了事业单位分类管理的深化发展。2000年7月，《关于加快推进事业单位人事制度改革的意见》发布，明确了事业单位人事制度改革的指导思想、目标任务和基本思路，并倡导建立以聘用制为核心的用人制度，构建形式多样、灵活自主的分配激励机制，完善多层次、多形式的未聘人员安置制度，以及符合事业单位特点的宏观管理和人事监督制度，为事业单位人事制度改革的深入推进提供了指导框架。

2011年，《中共中央、国务院关于分类推进事业单位改革的指导意见》正式颁布，该意见依据社会功能，将当前事业单位明确划分为承担行政职能、从事生产经营活动及从事公益服务三个主要类别。针对不同类别的事业单位，意见在编制管理、人事调配、财务管理以及社会保险等方面，均提出了详尽的工作部署与明确要求。此外，为确保事业单位改革的顺利实施，配套文件亦就事业单位的分类、行政职能事业单位的改革、事业单位机构编制管理的创新、法人治理结构的建立和完善、财政政策的改革、生产经营活动事业单位的转企、国有资产的强化管理、收入分配制度的深化改革以及职业年金制

度的建立等方面，均作出了具体的工作部署与周密安排。

（二）人事制度改革活力逐步激发

一是领导人员管理体制探索完善。1997年，《中共中央、国务院关于卫生改革与发展的决定》正式出台，此举旨在进一步拓宽医疗卫生机构在经营管理方面的自主权限，同时推行院（所、站）长负责制，确保机构运营的高效与规范。2000年，《关于加强和改进科研院所党的建设工作的意见》发布，明确规定了科研院所（不含社会科学研究院所）需充分发挥党组织的政治核心作用，在坚持和完善院（所）长负责制的基础上，构建更为科学的科研院所管理体制。此外，1998年颁布的《中华人民共和国高等教育法》（以下简称《高等教育法》）则以法律形式确立了国家举办的高等学校实行中国共产党高等学校基层委员会领导下的校长负责制。在这一模式下，中国共产党高等学校基层委员会将依照《中国共产党章程》及相关规定，全面领导学校工作，同时支持校长依法独立行使职权。

二是用人机制日益灵活化。随着人事制度改革的逐步深化，更加灵活且规范的用人机制与制度得以确立。《高等教育法》明确指出，高校应基于实际需求和精简效能的原则，自主决定内部组织机构设置与人员配置，包括教学、科研及行政职能部门等；同时，依法评定并聘任教师及其他专业技术人员，调整津贴与工资分配。为进一步优化事业单位人事管理，2002年颁布的《关于在事业单位试行人员聘用制度的意见》倡导并推广人员聘用制度，除特殊适用国家公务员制度或已转制为企业的事业单位外，其他事业单位需逐步试行该制度。通过实行人员聘用制度，事业单位用人机制得到转换，从传统的身份管理转变为岗位管理，行政任用关系亦转变为平等协商的聘用关系，从而构建了一套与社会主义市场经济体制相契合的事业单位人事管理制度。为加速事业单位分类改革进程，充分激发各类人员的积极性与创造性，2006年出台的《事业单位岗位设置管理试行办法》规定，事业单位需遵循科学合理、精简效能的原则进行岗位设置，按需设岗、竞聘上岗、按岗聘用、合同管理。

四、人事制度深化发展期（2012 年至今）

2012 年，党的十八大报告提出政事分开和事业单位分类改革。2013 年，党的十八届三中全会进一步明确了改革方向，包括加大政府购买公共服务力度、取消部分单位行政级别、建立事业单位法人治理结构、推动部分事业单位转型等。2014 年，国务院颁布《事业单位人事管理条例》，事业单位人事管理开始有法可依。2017 年，党的十九大报告深化事业单位改革，强化公益属性，推进政事分开、事企分开、管办分离，事业单位改革步入新的历史发展阶段。

（一）制度化、法治化水平提升

一是人事管理正式步入法治化轨道。2014 年实施的《事业单位人事管理条例》详细规定了基本原则、岗位设置、招聘与竞聘程序、聘用合同规范、考核与奖惩机制、薪酬福利与社会保障、人事纠纷处理机制以及法律责任等关键方面。这一条例的颁布，不仅为事业单位人事管理提供了明确的法律指导，也标志着事业单位人事管理法治化程度的显著提高，为管理活动的有序进行提供了坚实的法律保障。

二是多形式用工逐步制度化。在社会主义改革持续推进的进程中，人民群众对美好生活的追求日益强烈，对事业单位公共服务质量的要求也在不断提高。事业单位作为社会服务的重要力量，其承担的职责和功能逐渐扩展。然而，受编制管理的限制，事业单位人力资源紧张的问题日益凸显。为了应对这一挑战，事业单位正积极探索多元化的用工形式，包括实名编制、非实名编制以及编外人员等，旨在逐步构建更加制度化、规范化的用工体系，以满足人民群众日益增长的服务需求。

（二）全面加强党的领导

在党的十八大召开以前，事业单位党的领导存在弱化现象，政事不分、管办不分的问题比较突出，部分单位公益性得不到体现、社会反应强烈，给事业单位健康可持续发展造成了不利影响。为贯彻党的十八大及十八届三中全会精神，加强党的领导，全面从严治党、深化改革，坚持党管干部原则，改革干部人事制度，中共中央办公厅发布《关于在推进事业单位改革中加强和改进党的建设工作的意见》和《事业单位领导人员管理暂行规定》，明确加强和改进党的领导及领导人员管理。规定强调，党委领导下的事业单位党组织发挥领导核心作用，行政领导人负责的事业单位党组织发挥政治核心作用。各行业领导人员需符合行业特点和要求，如思想文化宣传系统强调政治家办报办刊办台办新媒体，高校和中小学强调党的教育方针和立德树人，科研单位强调科技自立自强和服务国家，公立医院强调为人民健康服务。

（三）新时代新要求新目标新任务

党的二十大报告明确指出了新时代新征程下，中国共产党的核心使命和任务，即引领全国各族人民共同努力，全面建成社会主义现代化强国，实现第二个百年奋斗目标，进而以中国式现代化为路径，全面推动中华民族伟大复兴。为实现这一宏伟目标，必须围绕核心任务，坚定不移地推进依法行政，进一步深化事业单位改革。

2021 年，人力资源和社会保障部发布《人力资源和社会保障事业发展“十四五”规划》，详细阐述了“十四五”期间事业单位人事制度改革的具体目标和重要措施，即要持续推进事业单位人事制度改革，建立健全符合分类推进事业单位改革要求的人事管理制度，推进建立人事管理权责清单。完善事业单位聘用合同管理、公开招聘、岗位管理和交流制度，建立健全事业单位人事管理监督制度。推行事业单位人事管理“一件事”服务模式。在县以下事业单位推行管理岗位职员等级晋升制度。推进专业技术一级岗位设置工作。

支持和鼓励高校、科研院所等事业单位科研人员按规定创新创业并取得合法报酬，落实乡村振兴战略，支持和鼓励农业科技人员按规定入乡兼职兼薪和离岗创办企业。健全完善事业单位工作人员考核、奖惩、培训机制。

第六章　事业单位人力资源战略与规划

第一节　人力资源战略

一、人力资源战略的内涵及相关理论

（一）什么是“战略”

“战略”一词在中国历史上早有记载。西晋史学家司马彪于公元3世纪末所著的《战略》一书，主要探讨了战争谋略问题，通过军事人物的谋划成败事例加以阐释。明末军事家茅元仪编纂的《武备志》则是一部全面涵盖军事知识的百科全书，该书分为“兵诀评”“战略考”“阵练制”“军资乘”及“占度载”五大部分。其中，“战略考”部分专注于战争谋略的研究，收录了大量历史上凭借出奇制胜的战例，如马陵之战、赤壁之战、淝水之战等。

在西方，“战略”一词的起源可追溯至军事领域，其原始含义指的是战争或战斗背后所蕴含的深层次规划与谋略。在军事范畴内，战略与战术存在着明确的界限与区别。战略着眼于全局、宏观及长远的视角，而战术则聚焦于局部、微观及阶段性的层面。战术的实施旨在达成战略目标，而战略则作为众多战术的综合目标而存在。

综上所述，战略是一个国家或组织为实现其长远利益而制定的全局性、前瞻性、规律性、长远性的总体部署，该部署通过一系列分阶段、局部化、目标导向、实际可行的具体计划和措施来具体实施和推进。

（二）人力资源战略的界定

关于人力资源战略的定义，国内外学者依据各自的研究视角进行了不同层面的界定。戴尔（1984）明确指出，人力资源战略是与人力资源管理的主要目标及其实现途径紧密相关的一种核心决策框架。Schuler 和 Walker（1990）则进一步阐述，人力资源战略是一套程序和活动的集成，通过人力资源部门与直线管理部门的协同努力，旨在达成企业的战略目标，并借此提升当前及未来的绩效，同时保持企业的竞争优势。Wright 和 McManhan（1992）则提出了更为系统化的观点，他们认为人力资源战略是将组织与员工紧密联结，实现统一性与适应性相融合的综合性人力资源管理策略，旨在通过一系列有规划的战略性人力资源部署和管理行动，支持组织实现其战略目标。

国内有学者将企业战略管理实践活动划分为三个阶段：首先，战略制定阶段，这一阶段聚焦于确立组织的使命，全面分析企业所处的内外环境，明确战略目标，并制定具体的战略方案；其次，战略实施阶段，这一阶段侧重于对企业组织结构的调整，企业文化的塑造，以及激励机制的优化，以确保战略的有效执行；最后，战略评价阶段，此阶段通过绩效评估，持续跟踪战略目标的达成情况，并根据实际情况对战略方案进行必要的调整和完善。还有学者指出，人力资源战略是企业为应对外部环境变化和内部发展需求，所制定的具有指导性和前瞻性的长期规划，旨在指导企业的人力资源管理活动。

在综合考量国内外学者的学术见解后，本书对人力资源战略进行了如下定义：人力资源战略，即国家、地区或组织在人力资源发展领域所采取的前瞻性、全局性、长远性和纲领性的总体规划。此战略旨在服务并推动总体发展战略的实施与实现。

二、人力资源战略的特征和职能

（一）特征

1.全局性

战略在本质上具备全局性的特质。人力资源战略作为国家、地区、组织总体发展战略的关键组成部分，致力于为实现总体发展战略目标而对其内部人力资源进行全方位规划。这一规划涵盖了人才的招募与配置、培养与提升、开发与利用，以及竞争力塑造等方面。在制定和实施人力资源战略时，应立足于国家、地区、组织的整体视角，确保其与总体发展战略的紧密契合。从逻辑关系上看，总体发展战略与人力资源战略呈现出整体与部分的相互依存关系。人力资源战略既要体现人力资源发展的全局性和整体性，又要紧密结合总体发展战略的目标导向和局部需求。在此过程中，人力资源战略应突出并服务于总体发展战略的核心利益和长远规划，同时在人力资源的统筹与管理上发挥引领和协调作用。

2.前瞻性

作为国家、地区、组织在人力资源管理方面的长期规划，人力资源战略是一项具有全局性和前瞻性的顶层设计。它基于对当前人力资源状况、发展环境以及未来目标的深入分析与全面考量，要求决策者具备高度的敏锐性和精准的判断力。人力资源战略不仅要能准确预测未来的发展趋势，还要能指明前进的方向，为整个人力资源管理提供纲领性指导。

3.规律性

任何事物的发展均遵循其固有的规律。根据辩证唯物主义的观点，事物的内部矛盾，即内因，是推动事物自我运动、发展的根本动力。相比之下，外部矛盾，即外因，则作为事物发展、变化的次要因素存在。内因构成了事物变化的根本依据，而外因则是这一变化的条件，并通过内因发挥其作用。

在人力资源发展领域，同样存在着其特有的规律性。任何发展都是在既有基础之上稳步推进，不可脱离当前基础而实现飞跃。因此，我们需明确区分人力资源发展的内部矛盾与外部矛盾，着重把握矛盾的主要与次要方面，深入认识其发展规律，尊重并驾驭这一规律，从而制定出科学、合理、高效的人力资源战略。

4.长远性

战略是为应对长期性、方向性问题而精心设计的长远蓝图与全局性策略。作为其中的关键一环，人力资源战略是对人力资源在较长时间内发展方向、演变规律及战略思考的全面规划。这一战略基于对本国、地区或组织未来全面发展的深度思考及方向性指导，对现有及未来人力资源的发展环境、资源条件、潜在挑战与发展目标进行综合性分析，准确把握其发展趋势、竞争优势，并以此为基础，围绕总体发展战略，制定长远策略与长期规划，以实现优化资源配置、提升竞争优势，进而达成总体发展战略的既定目标。

（二）职能作用

1.目标定位功能

人力资源战略在总体发展战略中占据着举足轻重的地位，其方向、领域及目标任务的设定需紧密贴合总体发展战略的需求，确保高度的战略协同性。同时，人力资源战略不仅服务于总体发展战略，更是其目的性和方向性的重要体现。人是推动生产力发展的关键因素，科技的进步与应用离不开人才的推动。因此，人力资源战略的制定与实施，旨在为国家、地区或组织实现总体发展战略提供有力支撑。科学的人力资源管理能够合理调配人力资源，优化资源配置，实现科技与生产的深度融合，从而推动生产力的不断提升，整体竞争力的持续增强。

2.资源分配功能

人力资源管理的核心在于对人力资源的有效配置，它涵盖了资源的获取、科学分配，以及资源的深度开发和高效利用。人力资源战略是确保人力资源管理方向正确、具有前瞻性的关键所在，它基于对现有人力资源的全面评估，

为本国、地区或组织设定了明确的管理目标和期望。遵循这一战略规划，能确保人力资源的配置、使用和开发均符合既定目标，从而提升人力资源管理效能，为实现总体发展战略奠定坚实基础。

3.激励约束功能

在社会环境中，个体既被视作社会人，也被视作经济人，其认知需求兼具生理性与社会性。人与人之间的心理关系错综复杂，社会关系亦如此。根据马斯洛的需求层次理论，人的需求可被划分为生理需求、安全需求、归属与爱的需求、自尊需求，以及自我实现需求。在实施人力资源战略时，必须设定明确的激励目标，并采用有效的激励手段，以激发个体的工作热情与潜能，进而形成组织的凝聚力与竞争力。同时，亦需采取约束性措施，规范个体的行为准则，防止因偏差行为或负面影响而对战略实施产生阻碍。

4.竞争优势功能

人力资源战略的制定，需基于全面且科学的人力资源分析，以及对本国、地区或组织整体发展的战略性全面认知。这一过程对于指导人力资源管理的方向与发展具有深远的战略意义。在知识经济日益凸显的当下，竞争的核心已逐渐转向高精尖技术领域与科学管理领域。尽管技术可以被复制，产品可以被模仿，但掌握技术和知识的人才却是无法被轻易替代的。作为知识和技术的核心载体与创造者，人才资源具有稀缺性与不可替代性。因此，人才的竞争优势直接决定了国家、地区或组织的整体竞争力。

（三）人力资源战略的构建与实施

人力资源战略的规划是一个复杂且系统的过程，必须全面权衡各种因素。在制定人力资源战略的过程中，需深入分析和评估内外环境的相互作用和变化，形成全面、细致的战略规划。

1.内外部环境分析

内部环境，亦称内部条件，其核心在于对本国家、地区或组织内部人力资源环境的深入剖析。通过全面的人力资源盘点，形成对现有人力资源准备度的全方位、综合性、深层次的评估结论。人力资源作为推动发展的核心要素之一，是实现发展目标不可或缺的基本支撑。因此，对存量人力资源的全面分析，不仅有助于我们更清晰地认知自身的发展基础条件，更为总体战略的制定与实施提供了有力的依据和支持。

外部环境，即企业所面临的外部条件，主要聚焦于宏观环境的分析。从企业角度出发，必须全面了解顾客需求、合作伙伴关系、竞争对手动态、行业及产业的最新发展趋势；而从国家或区域的整体视角来看，又需深入洞察国际与国内的经济政治动态、贸易政策与法规、产业结构的演变、政府的产业政策导向，以及国民经济的整体运行状况。

在人力资源战略的规划与制定过程中，必须深入剖析内部与外部环境，识别出自身的竞争优势与潜在弱点，扬长避短，选择既有效又可行的人力资源战略，联合运用多元化的战略手段，共同推动并实现总体发展战略目标的达成。

2.总体发展战略关联分析与人力资源战略目标确定

在总体发展战略的核心指导下，需精确分析本国、地区或组织总体发展战略的目标要求，准确把握发展方向，系统梳理发展要点，清晰界定发展任务。随后，选择与之相匹配的人力资源战略，确保其完全遵循并服务于总体发展战略，进而构建对总体发展战略的有效支撑体系。同时，充分考虑到人力资源战略与生产经营战略、产业发展战略、技术研发战略等其他发展战略的协同与促进关系，同步进行规划、部署和推进，实现“多战略合一”的目标，进而构建一个步调一致、协同发展的整体发展格局。

3.人力资源投入与价值转化

人力资源的投入需紧密契合人力资源战略需求，同时紧密结合整体发展战略目标，实施精准有效的人力资源补充、调整与优化措施。在投入过程中，应特别聚焦于高级核心人才和专业人才的培育与引进。一方面，要立足自身条件，自主培养核心人才；另一方面，要根据实际需求，合理引进专业人才，为高层次人才提供适宜的工作环境，以充分发挥其引领和带动作用。

人力资源价值的转化，关键在于通过提升人力资源的竞争优势，充分发挥人才的专业能力、创新精神和高效执行力，进而将这种竞争优势转化为技术、产品和产业的竞争优势，最终构建出本国、地区或组织独特的、具有显著竞争优势的核心竞争力。

4.人力资源战略评价与控制

虽然人力资源战略设定着眼于长远发展，但在具体实施过程中需要细致规划、逐步实施。同时，鉴于内外部环境的不断变化和战略实施效果的反馈，战略目标可能会面临调整的需求。因此，对战略进行阶段性的评估和调整尤为重要。在评价人力资源战略时，应全面考量工作绩效、员工及组织的反馈、与关联战略的协同效应以及总体发展战略的契合度，通过深入地反思与评估，持续优化和调整战略目标及其实施措施。

人力资源战略的控制，实质上是对战略执行过程的全面监控与风险的有效管理。鉴于人力资源战略实施可能受到个体差异、主观认知差异、资源限制等因素的影响而出现偏差，必须及时发现并准确识别问题所在，通过行政、法律、技术等多种手段，进行有效干预和纠正，确保人力资源战略在方向性、原则性上与总体发展战略保持高度一致，从而保障总体发展战略的顺利实施。

第二节　人力资源规划

一、人力资源规划的内涵

人力资源规划针对人力资源管理而设定，是人力资源的未来长期发展的筹谋策划，也是用科学方法解决人力资源管理的方式和途径。

在学术领域，人力资源规划的概念被学者区分为广义与狭义两种范畴，并基于其导向性，进一步划分为过程导向论与战略导向论。过程导向论以沃克（2001）为主要代表，其核心观点在于将人力资源规划视为组织提供精确人力资源信息，并据此进行人力资源精准预测的过程。战略导向论则以斯坦纳、巴尔姆汉姆等为主要代表。巴尔姆汉姆（1988）强调人力资源规划应关注人力资源使用效率，并致力于满足组织未来的人力资源需求。

综上，本书认为，人力资源规划应兼具过程分析和战略导向作用，是在对组织的发展环境、发展目标及人力资源的分析研判下获取的全方位的人力资源信息，并在掌握信息的基础上对本组织的人力资源未来发展进行科学性筹划和预测性谋划，以确保组织在需要的时间和职位上获取合适的人力资源的过程。

二、人力资源规划与人力资源战略的区别

在学术研究中，部分学者倾向于将人力资源规划与人力资源战略视为等同的概念，称之为“人力资源战略规划”。然而，以下概念阐述中我们可以明确，尽管人力资源战略和人力资源规划在目标和对象上具有某种程度的相似性，并都关注人力资源的长期布局，但它们在内涵本质以及具体展现形式上存在明显区别。

（一）相同点

首先，两者均对本国、本地区或本组织的人力资源进行了战略性部署，着眼于长远的发展需求，具有全局视野和前瞻性规划。其次，两者在人力资源管理的过程中都进行了精心谋划，既涵盖过程管理的细节设计，也包含目标管理的全面规划。最后，两者都建立在对现有条件的充分了解和认知之上，从实际出发，结合目标实施，确保规划的可行性和有效性。

（二）不同点

第一，战略理念高于规划的理念。人力资源战略构建的基础在于对人力

资源发展规律的深刻理解和把握，同时结合本国、地区或组织的人力资源实际状况，围绕总体发展战略进行制定与实施。人力资源规划则是在人力资源战略的明确指导下，对战略内容的具体化、实践化和可操作化，确保战略的有效落地与执行。

第二，战略是规划的总纲。人力资源战略，作为人力资源领域发展的纲领性文件，明确了长期发展的总体目标和方向，承载了对未来人力资源领域理想化状态的愿景和规划，内容表述较为抽象，旨在提供宏观层面的指导。而人力资源规划，则是这一战略的具体实施计划，由一系列明确的操作步骤和阶段性目标组成，内容具体、可操作性强，以确保人力资源战略能够得到有效落实和推进。

第三，人力资源战略与总体发展战略匹配度高。人力资源战略是总体发展战略体系中至关重要的组成部分，它紧密围绕并服务于总体发展战略。这一战略注重的是系统性和整体性的原则，非经全面考量，不得轻易调整或改变。在规划人力资源的时间跨度上，虽不必与总体发展战略完全一致，但可根据总体发展战略的推进阶段，适时进行规划的分阶段实施或微调。

三、人力资源规划的组织、编制和实施

人力资源规划一般包含信息收集与分析、人力资源供求预测、人力资源规划编制、人力资源规划实施及人力资源规划评估五个步骤。

（一）信息收集与分析

这一流程不仅涵盖组织的内部环境、外部发展环境，还涉及总体发展战略及其相关联的子战略体系，同时也不能忽略当前的人力资源状况。具体来说：在内部环境分析上，详细考察组织架构模式、机构设置的合理性、管理制度的执行效果、组织文化的构建情况以及组织资产的整体水平等关键要素。

在外部环境评估中，综合考虑政治因素，特别是政策法规的变动；经济

因素，如市场环境的变化、市场竞争态势以及资源分配状况；技术因素，如组织当前采用的技术水平、行业技术的演进趋势以及技术创新的步伐；以及社会因素，如社会文化的发展、社会结构的变化等。

在战略体系分析方面，详细梳理总体发展战略、生产战略、经营战略、销售战略、技术发展战略、资本运营战略以及人力资源战略等核心战略，确保它们之间的协调性和一致性。

在人力资源的合理利用和持续发展方面，重点关注人员数量与结构、员工素质与能力、岗位需求与人员匹配度、员工发展需求与培训计划等。

（二）人力资源供求预测

基于详尽的信息收集与系统的分析，运用定性与定量的技术手段，对组织的人力资源需求与供给状况进行精确测算，确保组织在持续健康发展过程中人力资源的供需保持平衡。此过程通常涉及三个关键方面：当前人力资源的供需状况、未来的人力资源需求预测以及未来人力资源的变动趋势。

在评估当前人力资源供需状况时，重点关注组织内部各部门、各地区的人力资源分布情况，岗位的饱和度，是否存在冗员或空缺，以及人员与岗位的匹配程度等因素。

对未来人力资源的预测时，需深入分析人力资源的培养和开发计划，各部门对人力资源的具体需求，以及组织结构可能出现的变动和调整，进而预测相应的人员岗位需求变化。

在探讨未来人力资源的变动趋势时，充分考虑人员晋升、岗位调动、退休、离职（包括辞职和解雇）等可能的变动情况，以及组织总体发展战略的阶段性目标实现可能带来的组织架构调整和人员供需变化。

（三）人力资源规划编制

第一，严格遵循组织总体发展战略和人力资源战略，深入分析人力资源的供求状况，明确人力资源规划的核心目标。基于这些目标，策划并制定全

面的人力资源发展规划，并进一步细化为具体的业务子计划，以确保其可操作性和实用性。具体来说，在战略目标的指引下，明确并强化组织的核心竞争力；在充分理解和把握内外部环境的基础上，实现人力资源的优化配置；在人力资源战略的实施过程中，加强人力资源管理流程的控制、协调与沟通。

第二，采取总体规划与分计划相结合的策略。这些分计划包括岗位设置与职责规划、员工招聘与选拔计划、培训与发展计划、薪酬福利与激励计划、员工流动与调配计划、绩效管理与评估计划、员工职业生涯规划以及裁员与解聘计划等。

（四）人力资源规划实施

人力资源规划的实施，是一个动态调整、持续优化的过程，通常包含建立初期、健全完善期和持续改进期三个阶段。建立初期主要聚焦于制度的初步建立与执行，规划开始施行，相关措施逐步落地，此阶段可能会出现一系列问题；进入健全完善期后，工作重点将转向对原有制度措施的改进与优化，通过一段时间的规划执行，累积的问题可能对后续工作产生影响，因此需要对制度进行必要升级与完善；而到了持续改进期，则需根据组织不同战略发展阶段的实际需求，调整业务发展方向，持续完善制度与措施，以应对新出现的发展挑战，从而不断优化调整组织的人力资源配置。

（五）人力资源规划评估

本过程的核心任务在于全面评估人力资源规划的制定、实施及其成效，目的在于精准发现规划制定与执行过程中可能存在的不足之处或偏差，以便及时采取纠正措施，调整规划目标，确保人力资源战略目标和总体发展战略目标能够有效实现。

人力资源规划的有效性需要通过科学、系统的评估手段来验证，目前，采用的评估工具主要包括关键指标评估法、成本效益分析法、会计审计法、声誉评估法以及行业标杆比较法等。

人力资源规划评估的核心要素涵盖以下几个方面：首先，需深入评估所使用信息的质量、数据来源的丰富性、数量充足性以及可靠性；其次，需考量所选择因素与人力资源需求的紧密关联程度；再者，需评价人力资源规划者与其他业务部门的协同程度，以及对其工作性质的了解深度；同时，还需关注决策层对人力资源规划的认知程度和支持态度；此外，人力资源规划的可操作性和可执行性亦是评估的重点；进一步，需对比人力资源规划执行结果与预测结果的吻合程度；最后，人力资源规划实施与组织生产效率、成本结构以及收益变动之间的相关性，以及与市场反馈和服务对象（顾客、雇主）的评价关联性，也是不可忽视的评估要素。

第三节 事业单位人力资源战略与规划的实施

事业单位是我国独有的具有公益性的公有非营利性组织机构，服务于党和国家事业，需根据国家人才战略发展需要和单位自身发展需要制定并实施符合本单位实际及特点的人力资源战略和规划。

一、事业单位人力资源战略目标的确定

人才强国战略是我国在人力资源领域的核心战略。事业单位在构建人力资源战略时，其核心目标是贯彻并落实国家人才强国战略，确保事业单位在人才发展方面取得具有战略意义的成果。这些战略目标涵盖了对人才总量的有效调控、提升人才队伍的整体素质、优化人才结构以适应发展需求、提高人才效能以驱动事业发展，以及营造有利于人才成长和发挥作用的良好环境。

（一）人才总量目标

在全面分析内外部环境和人才需求趋势的基础上，结合本单位的发展实际，并充分考虑可能发生的变动和调整。在此过程中，根据事业单位在编制管理方面的特殊性，对编制管理人员及外聘人员实施数量上的精确控制，以确保在未来战略发展期内，本单位的人才资源能够在数量和规模上达到适度可控的标准，从而与整体发展水平保持同步和协调。

（二）人才素质目标

人才素质目标的评定是对人才资源质量的重要评估标准，通过考察学历和职称层次的人才数量来进行准确衡量。至战略发展期末，本组织人才素质实现显著提升，平均受教育水平有显著改善，高学历、高层次、高水平人才占比明显增长。

（三）人才结构目标

人才结构目标的设定，旨在深入评估人才资源在组织内部的配置与衔接方式，确保其形成高效且优质的人力资源运作机制，从而为组织的稳健发展提供坚实的动力与支撑。在纵向维度上，需全面考量组织架构的设计、管理层级及各功能部门的配置，以及各层级的人员分布状况，同时关注同一层级人员的年龄结构及其梯队建设的实际需求。在横向维度上，则需综合评估各功能部门间的沟通与协作机制，以及同一部门内部岗位的设置与人员配备需求，确保各部门间的人员配置合理，满足组织运营的高效性与协同性。

（四）人才效能目标

人才效能，从直观层面而言，衡量的是人才投入与产出的比率，而从深层次看，它实际上体现了人力资源系统的运行效率。在量化评估人才效能时，我们通常参考人力资源投资回报率以及单位劳动生产率等关键指标。这些指标的改善和提升，离不开对人才的精心投入与优化配置。具体而言，评价人才效能的指标体系中，可包含研发资金的投入量、教育培训的投入成本、人才的参训率以及人岗匹配度等要素。

（五）人才环境目标

第一，在人才培养开发环境方面，构建一个系统的人才培养与开发体系，针对不同类型的人才，结合实际需求，采取多样化的培养方法和途径，确保人才的全面发展。

第二，针对人才选拔任用环境，完善聘用和岗位管理机制，打破传统的身份和岗位限制，推动人才的自由流动和合理配置。同时，建立公平、公正、公开的选拔机制，确保人才能够根据其能力和贡献得到合理的任用。

第三，在人才绩效评价环境上，建立以组织战略目标为导向的绩效评价体系，全面评价人才的道德素质、工作能力、勤奋程度、业绩成果和廉洁自律等方面。

第四，在人才激励机制方面，坚持按劳分配为主，同时充分考虑人才的知识、技能、管理和创新等价值，建立多元化的激励体系。通过经济奖励、社会荣誉、职业发展等多种方式，激发人才的积极性和创造力，为组织的持续发展提供源源不断的动力。

第五，在组织文化环境方面，强调以人为本的管理理念，注重员工的主体地位和个人价值的实现。通过加强组织文化建设，营造积极向上的工作氛围和丰富多彩的业余生活，增强员工的归属感和凝聚力。同时，关注员工的个人成长和发展需求，帮助员工实现个人价值，推动个人发展与组织发展的和谐统一。

二、事业单位人才战略及规划的制定与实施

（一）内部环境和外部环境分析——信息收集阶段

在外部环境评估中，细致分析政治环境、经济环境、社会环境、技术业务环境以及行业环境。其中，政治环境评估应涵盖党和国家及单位所在地在人才发展方面的总体战略、指导方针和政策动向，同时需关注国际政治局势的变动、国际关系以及国际人才流动中涉及的法律法规，以确保单位决策与外部环境相契合。经济环境方面，着重分析单位所在地区的经济发展状况，包括经济增长速度、产业结构以及就业市场等，以评估其对人才需求和流动的影响。社会环境评估关注单位所在地区的社会文化特征，包括社会价值观、生活模式、风俗习惯以及社会安全状况等，这些因素对于人才的吸引、培养和留存具有不可忽视的作用。技术业务环境分析将聚焦当前社会生产中广泛采用的技术手段和业务管理模式，了解技术发展趋势和业务创新动态，以指导我们在人才选拔和培养上的策略选择。在行业环境评估中，重点关注单位所在行业及其相关行业的竞争格局、人才供需状况以及合作伙伴的动态，以制定更加精准有效的人才战略。

内部环境评估需系统分析单位的总体发展战略、人力资源现状、组织机制、内部优势与劣势以及财务状况。在此过程中，全面考量本单位的总体发展战略及人才强国战略，通过深入调查与分析，详细掌握现有人力资源的实际情况。同时，对现有政策及制度进行审慎研究，以精准识别具有关键战略意义的人力资源问题，确保评估结果的客观性、准确性和前瞻性。

（二）人才战略的选择——目标确定阶段

经过对人力资源内外部环境的全面系统研究分析，得出最终研究结论。基于这些结论，制定一项符合单位实际的人才发展战略。在确定人才发展战略时，要紧密结合党和国家的人才强国战略部署，以单位的整体发展规划为指导，将人才发展战略融入单位的总体战略框架之中，确保各战略之间的协调性和互补性，共同推动并实现单位的整体发展战略。

一是成本导向。在既定的战略周期内，通过科学合理地调配人才资源数量，优化人才资源配置，降低单位综合成本，力求以最小的经济投入实现人才资源的最大化利用，以满足单位持续发展的需求。此类战略适用于当前单位遇到暂时性的生产经营困难，成本压力较大时，保障生存和维持正常运营作为第一要务。

二是技术导向。在战略实施阶段，坚持技术引领的发展策略，以技术升级作为提升核心竞争力的关键手段，把高层次人才和高技能人才作为重点培养和引进的对象，以强化这些关键人才对单位技术进步的支撑。此战略旨在应对单位在激烈市场竞争中的挑战，特别是在某一特定领域拥有重要地位和显著优势的情况下，需要持续推动业务领域的创新发展，以保持和巩固单位的竞争地位。

三是效益优先。在战略规划中，着重于提升单位的综合服务能力和公共服务效能，全面布局各层次人才的培育、开发与引进工作。这一战略适用于单位在竞争环境相对宽松，且拥有充足的人财物资源支持的情况下。单位的核心目标是提供高质量的社会公共产品和服务，因此在人才资源的配置上拥有较大的选择余地。

（三）人才战略规划的编制——方案制定阶段

一是构建总体蓝图。在确立的人力资源战略目标的指引下，需详细规划单位人力资源战略发展的总体蓝图。此蓝图应明确：战略规划的时间跨度，即从规划启动至目标达成的预期时长；人才总量目标，即在战略周期内，单位应达到的人才资源总量标准；人才结构配置，即在战略期间，单位需优化的人才队伍结构目标；人才发展生态，即在战略实施过程中，单位应营造和优化的人才成长与发展的环境。

二是制定子战略。子战略包括但不限于减员增效战略、人才识别与选拔

战略、人才培养与发展战略以及人才优化配置战略等。

三是制定详尽的任务规划。首先，对战略期进行细致划分，明确短期、中期及长期目标。其次，制定人才招聘规划，确保组织人才储备的充足性。再次，根据组织发展需求，规划人才缩减策略，以优化人才结构。同时，制定人才培训与开发规划，提升员工的专业素养和综合能力。此外，还需规划人才晋升路径，激励员工积极进取。在组织文化建设方面，需制定组织文化建设计划，营造积极向上的工作氛围。另外，还需规划人才交流使用，促进人才流动和资源共享。最后，制定人才激励规划及职业生涯规划，以激发员工的工作热情和职业追求。

（四）人才战略规划的实施——行动实施阶段

一是加大投入力度。从管理层至一线员工，均需明确各自职责，积极投身于人才战略规划的实施之中。设立专人专岗，负责全程跟踪战略实施过程，确保各项措施得到有效执行。同时，加大对实施过程中的资源投入，包括但不限于场地、设备、资金等，以确保战略规划的顺利实施。

二是强化协调配合。无论是领导层，还是普通员工，均应深刻认识战略规划实施的重要性。上下级之间、各部门之间应基于单位发展的共同愿景，积极协调、主动配合，确保人才战略规划的各项任务得以具体落实。

三是综合施策。人才战略规划的各项具体任务既具有独立性，又相互关联。在推进过程中，应综合考虑各项任务的关联性和协同性，按照规划目标和时间节点有序推进，共同推动战略规划的全面实施。

（五）人才战略规划的评价和控制——监控调整阶段

人才战略规划评估是一项至关重要的管理活动，它旨在通过深入分析和细致考察事业单位人力资源规划的执行情况，将预设目标与具体实施效果进行精确的比对、科学的判断和系统化的分析。鉴于事业单位内外部环境的复杂多变，原先精心策划的战略规划可能逐渐失去其原有的适用性和有效性。

因此，对战略规划实施情况进行全面、系统的检查、评估与调整，成为人力资源规划工作中不可或缺的一环。同时，这一评估过程也是事业单位积累管理经验、提升管理效能的宝贵机会。

在评价过程中，需要关注的因素包括人才战略与外部环境的契合度，人才战略是否有效支撑总体发展战略目标的实现，人才战略是否能增强单位的竞争实力，人才战略在提升单位经济效益与社会效益方面的贡献，以及人才战略的可操作性。

控制过程中，首先要明确控制目标，通常选择对人才战略规划实施具有直接影响的控制目标，尤其需聚焦于与总体发展战略及人才战略紧密相关的控制目标。随后，依据控制目标制定控制标准，包括明确的定性标准和可量化的定量标准。定性标准涵盖人才的工作条件、生活待遇、培训计划、配置组合、能力发挥效果以及对总体发展战略的支持程度；定量标准则涉及人才的发展规模、结构、流动率及创新成果等关键指标。进而，构建完善的反馈体系，确保信息的完整、准确与及时传递，以便从实施过程中迅速捕获战略规划的执行信息并传达至管理控制部门，管理控制部门据此对反馈的实施结果进行评估，并据此做出必要的纠正措施。

最后是调整控制阶段。根据对照控制标准的反馈评价，对实际执行效果进行细致分析。一旦发现执行结果与控制标准存在偏差，即启动相应的调整策略。常规做法是对执行流程中的问题进行识别和纠正，例如针对部门中不适宜的要求，及时作出调整，并对资源配置进行优化，确保资源配给充足。然而，若因外部环境发生不可预见的变化，导致人才战略规划面临无法继续实施的风险，即迅速调整人才战略规划目标，以适应新的环境和挑战。

第七章　事业单位机构编制与岗位设置

第一节　含义及意义

一、事业单位机构编制管理的含义及意义

（一）事业单位机构编制管理的含义

事业单位机构编制管理，是在党和国家的统一部署下，各级机关及有关部门根据社会经济发展的实际需要，严格遵循法律法规和相关程序规定，对事业单位的职能定位、机构设置以及人员配置（即常说的“三定”）进行系统性规划和管理的过程。作为专注于教育、科技、文化、卫生等公益服务领域的组织机构，事业单位编制管理受中央集中统一领导，与国家机关保持一致。不过，两者的主要区别在于编制性质，国家机关采用的是行政编制，而事业单位采用的则是事业编制。

（二）事业单位机构编制管理的意义

第一，有利于构建高效的组织体系，对推进国家治理体系现代化具有基础性意义。科学的机构设置与合理的人员结构，不仅是组织活动得以顺利进行的先决条件，更是确保组织体系高效、协调运转的基石。在全面建成社会主义现代化强国、迈向第二个百年奋斗目标的征途中，坚持党对一切工作的领导，强化党对干部的管理，以及全面贯彻党和国家的各项方针政策，均依赖于科学、有效的机构编制管理作为坚实支撑。

第二，机构编制管理在促进经济社会健康稳定发展方面起着关键作用。这是一项涉及系统性、综合性和创新性的工作，依据《中国共产党机构编制工作条例》为行动准则，与各级机构编制委员会、组织人事及财政部门紧密协作，以严谨的态度和科学的方法，优化机构设置和人员结构，确保事业单位机构编制工作能够切实服务于社会主义强国建设的宏伟目标。

三是对于全面依法治国具有积极的推动作用。事业单位机构编制管理作为国家治理体系的重要构成部分，是依法行政和依法治国的必要环节。其管理的科学性和合理性，直接关系到组织运行的效率以及经济社会发展的稳定性，同时也对党的执政能力和治理水平产生深远影响。

二、事业单位岗位设置管理的含义及意义

（一）事业单位岗位设置管理的含义

事业单位岗位设置管理，是在确保国家宏观调控的指导下，为达成社会公益目标及组织发展规划，遵循科学、合理和高效精简的原则，结合自身的社会职责与工作特征，进行岗位设置的具体实践。这一过程中，需要明确各岗位的名称、职责、工作标准以及所需的任职条件，以实现岗位管理的系统化与规范化。

（二）事业单位岗位设置管理的意义

第一，岗位设置管理显著促进了事业单位各类工作人员的积极性和创造性的发挥。它通过明确岗位职责和等级标准，实现了从身份管理到岗位管理的转变，为人才的成长和发展提供了清晰的路径，有效激发了工作人员的工作热情和创新能力。

第二，岗位设置管理对于推动事业单位人事制度改革的深化起到了积极作用。它作为一项系统工程，与收入分配制度等其他人事管理制度相互衔接，通过明确岗位设置与岗位聘用的关系，以及岗位对应的工资待遇，为事业单位的人事管理提供了科学的依据，有助于实现按需设岗、按岗聘用、以岗定薪、岗变薪变等管理目标。

第三，岗位设置管理对于促进经济社会良性发展具有重要意义。它紧密关联着事业单位广大工作人员的利益，通过将岗位设置管理与用人机制转换相结合，体现了以人为本的管理理念，有助于正确处理改革、发展、稳定的关系，满足经济社会发展和社会公益事业发展的实际需要，为实现可持续发展提供有力支撑。

第二节　机构编制管理

一、机构编制管理的原则

（一）坚持统一管理

事业单位机构编制工作始终贯彻党中央集中统一领导，恪守地方服从中央、下级服从上级、部分服从整体的原则。坚持民主集中制，确保党的领导贯穿于事业单位机构编制工作的始终，并全面落实到各项工作中，以切实保障党中央的方针政策得以顺利实施。

（二）坚持精简高效

事业单位机构编制管理的关键在于实现精简高效的目标。在机构编制的管理过程中，坚持精简原则，严格控制编制总量，优化资源配置，实现科学的增减调整。这样，既能增强事业单位适应经济社会发展的能力，降低运营成本，又能提升整体工作效率，确保事业单位能紧密围绕党和国家事业发展大局，充分发挥其服务职能，更好地满足人民群众日益增长的美好生活需求。

（三）坚持刚性约束

事业单位机构编制管理必须坚守法治原则，确保管理活动的每一个环节都严格遵循国家法律法规和相关具体规定。应持续推进机构编制管理的法治化进程，维护其权威性和规范性。已确定的机构编制必须得到严格执行，事业单位在聘用人员、选拔领导干部以及核定人员经费时，均应以机构编制为基本准则。

（四）坚持效能提升

事业单位机构编制管理的核心目标是提升整体运作效能，确保机构能够高效、精准地适应新时代的社会发展需求。通过科学规划部门职能、精准设置机构架构、优化人员配置，构建一个分工明确、协作顺畅、高效运行、监督有力的管理体系，以此推动事业单位整体效能的持续提升。

二、机构编制管理的内容

（一）事业编制的分类

事业编制作为一种辅助编制形式，根据其财政来源的差异，可细分为全额事业编制、差额事业编制以及自收自支事业编制三种类型。

全额事业编制，即全额财政拨款事业编制，主要涵盖那些致力于公益服务的事业单位和部分拥有行政执法职能的事业单位。这类单位不具备自主创收的能力，其运营经费完全依赖于财政拨款，例如公办义务教育学校、博物馆、文化馆、防疫站以及海事局等。

差额事业编制则主要适用于那些财政差额拨款的事业单位，其待遇和收入与财政拨款及自身经营效益相关联。例如公立医院、公立大学、报社以及广播电视台等。

自收自支事业编制则常见于一些服务型事业单位，其员工的待遇与单位的经营状况紧密相关。随着事业单位改革的深入，这些单位将逐步转型为企业化运营，例如政府招待所、设计院以及政府直属印刷所等。

（二）事业单位机构编制管理的内容

事业单位机构编制管理涉及多个核心领域，包括职能管理、机构编制管理以及人员编制管理等。

职能管理作为其中的基石，主要是根据国家在一定时期内的战略目标和政策导向，对事业单位的工作职责、权限范围等进行科学的界定和调整。具体实践包括动态调整事业单位的职能配置，完善“三定”规定，明确细化职责内容，以及构建和优化部门间的协作机制。

机构编制管理则是基于经济社会发展的实际需要，运用科学方法对事业单位的名称、级别、性质、内设机构数量及人员规模等进行明确的规划和调控。这一管理过程旨在确保事业单位的组织架构与经济社会发展需求相匹配。

人员编制管理则侧重于对事业单位内部人员配置的优化和调控。通过科学核定人员编制总额，制定合理的人员编制方案和标准，以及根据需要进行人员编制的增减调整，以实现组织内部的高效运作和人员资源的优化配置。

三、机构编制管理的程序

依据《中国共产党机构编制工作条例》，事业单位机构编制管理应遵循以下程序：

首先，组织论证环节。在党中央集中统一领导下，各级机构编制委员会需对机构编制事宜进行深入调研和审查，确保论证过程的科学性和严谨性。

在此过程中，将进行专家论证和风险评估，并充分听取各方面意见，以确保决策的广泛性和公正性。

其次，审议决定环节。机构编制事项的审批必须严格遵守管理权限，确保审批流程的规范性和合法性。所有审批事项将按照既定程序报批，确保决策的严肃性和权威性。

再次，组织实施环节。由中央机构编制委员会和地方各级党委根据党中央的统一部署，依据各自权限，有序组织实施机构编制管理，确保各项决策的及时、准确、有效执行。

最后，监督问责环节。机构编制管理工作坚持依法依规，严格避免违法违纪行为的发生。各地区各部门党委（党组）将对本地区本部门机构编制管理和监督承担主体责任，确保工作的规范性和有效性。

第三节　岗位设置管理

一、岗位设置管理的原则

（一）坚持科学设岗

事业单位岗位设置管理必须权衡事业发展与人才为本两大要素。一方面，岗位设置必须紧密贴合社会事业发展的战略需求、单位职责功能的实现以及实际工作的高效运行；另一方面，必须充分关注人才的全面成长和价值的最大化实现。具体而言，管理岗位的设置管理应聚焦于优化管理水平、提升工作效率，从而增强事业单位的整体效能；专业技术岗位的设置管理应以提升专业技术人员的专业素养和创新能力为目标，满足事业单位技术发展的需求；工勤岗位的设置管理则应致力于提高员工的实践操作能力和服务水平，以满

足事业单位服务社会的实际需求。

（二）坚持结构优化

事业单位岗位设置管理是一项系统工程，强调主次配合与协作。为确保设置的合理性，必须全面考量，构建科学的岗位结构。在规划过程中，需依据事业单位的性质和特点，既着重考虑主业岗位的需求，也不可忽视辅助岗位的作用。同时，确保高级、中级、初级岗位均有所涵盖，并注重构建科学合理的梯形岗位层级结构，以优化事业单位的整体运营效率。

（三）宏观调控原则

事业单位岗位设置管理需保持灵活性与适应性，务必根据经济社会发展的实际状况以及事业单位功能调整的客观需求，在既定的岗位总量和结构比例框架内，对岗位设置进行细致且动态的监控与调整。同时，坚持从严设置的原则，既确保重点领域的岗位配置得到优先保障，又兼顾一般岗位的合理设置，在法律法规和政策允许的范围内，适当向重点领域和关键岗位倾斜资源，以确保岗位设置与经济社会发展的步伐保持高度一致。

（四）坚持依规管理

事业单位岗位设置管理务必严格遵守《事业单位岗位设置管理试行办法》的规范，严格按照既定程序操作，并切实执行核准制度，以保障岗位设置工作的合法性、规范性和高效性。对于未能按规定执行岗位设置的事业单位，政府人事行政部门及有关部门将不予认定其岗位等级，不予发放工资，并停止相关经费的核拨。对于情节严重的，将依法对相关领导和责任人进行通报批评，并根据人事管理权限给予相应的纪律处分。

二、岗位设置管理的内容

在事业单位的管理体系中，岗位设置管理适用于以社会公益为宗旨，由国家机关或利用国有资产的其他组织所设立的事业单位，涵盖财政全额拨款、部分拨款以及经费自筹的事业单位。事业单位的管理层、专业技术人员以及工勤技能人员，均须纳入岗位设置管理体系之内。此外，对于采用事业编制的各类协会、学会等社会团体，其工作人员亦应纳入事业单位岗位设置管理范畴。若岗位设置管理涉及事业单位领导人员，则应遵循干部人事管理权限的相关规定予以执行。

事业单位岗位设置明确划分为三类：管理岗位、专业技术岗位及工勤技能岗位。在管理岗位方面，该类别细分为十级，自一级至十级职员岗位，分别对应事业单位人力资源开发与管理中的部级正职、部级副职、厅级正职、厅级副职、处级正职、处级副职、科级正职、科级副职、科员以及办事员。专业技术岗位则设有十三级，涵盖高级岗位七个等级（一至十级），中级岗位三个等级（八至十级），以及初级岗位三个等级（十一至十三级）。最后，工勤技能岗位包括技术工岗位和普通工岗位，其中技术工岗位进一步细分为一至五级，而普工岗位则不设等级区分。

事业单位岗位设置管理应依据事业单位的具体社会功能定位、承担的职责任务及现有的人员结构特性，对管理岗位、专业技术岗位和工勤技能岗位实施总量结构比例和最高等级的规范控制，确保岗位设置既符合事业单位发展的需要，又具备高度的合理性和规范性。

三、岗位设置管理的程序

根据《事业单位岗位设置管理试行办法》的具体规定，事业单位在设置岗位时应当遵循以下程序：首先，需精心策划并制定事业单位的岗位设置方案，同时准确填写岗位设置审核表；其次，按照规定的流程，将岗位设置方

案提交至主管部门进行严格的审核，并获得政府人事行政部门的核准；在核准的岗位总量、结构比例及最高等级限制内，事业单位应进一步细化并制定岗位设置的具体实施方案；接着，应积极听取单位工作人员对岗位设置实施方案的意见和建议，确保方案的科学性和合理性；随后，岗位设置实施方案需经单位领导集体讨论，并达成一致通过；最后，按照通过的实施方案进行岗位设置的具体执行和管理工作。

总之，事业单位编制管理工作是一项涉及多个环节的综合性任务，其有效执行需要多个部门间的协同联动与密切配合，以确保在招聘、录用、调配、工资等各个环节中形成有机联系，构建起覆盖事业单位工作人员编制管理和人事管理的全面网络。面对当前新的发展环境，事业单位编制管理需要在理念、制度及工作方法等方面积极探索创新，不断深化改革，创新管理模式。同时，应充分利用大数据、云计算等现代科技手段，加强对编制的跟踪了解与监测分析，以实现编制资源的精准投放和科学配置，实现效益最大化。

第八章　事业单位人力资源培训与开发

事业单位人力资源培训与开发，是提升组织整体效能、实现长远发展的关键环节。在人力资源管理中，它占据着举足轻重的地位，不仅有助于员工素质的提升，更能让员工更好地适应当前的发展需求。尽管在招聘和录用员工时，我们已经进行了严格的筛选和评估，但新员工往往仍需一定时间来熟悉工作环境和岗位要求。此外，事业单位的工作内容并非固定不变，随着组织发展和外部环境的变化，新的挑战和任务不断涌现，老员工同样需要不断提升自身能力以应对这些变化。因此，我们必须将人力资源培训与开发作为重要的管理活动来对待，深刻理解其意义，准确把握其过程，确保其发挥最大效用，以推动事业单位整体目标的顺利实现。

第一节　事业单位人力资源培训与开发概述

一、事业单位人力资源培训与开发的内涵

（一）事业单位人力资源培训与开发的内涵

事业单位人力资源培训与开发是组织人力资本积累的关键环节，通过精心策划的员工教育培训和人才开发培养计划，提升员工的专业能力和综合素

质，推动员工展现出更高的工作热情和创新能力，进而实现组织与员工个人的共同成长，提高事业单位的整体竞争力。具体包括以下两方面：一是培训环节，现多称为教育培训，侧重于构建工作人员的职业道德、培养良好的工作习惯、传授基本知识和技能，以及提升与岗位相匹配的专业能力，其目的在于帮助工作人员更好地适应并出色地完成当前工作任务。二是开发环节，强调以长远的视角发掘工作人员的潜在能力，通过有规划的培养措施，提升其综合素质，激发其工作热情，以构建高效团队，优化组织结构，满足事业单位在高质量发展中对人才的需求。

（二）培训与开发的区别

在事业单位人力资源管理实践中，培训与开发环节往往相互交织、紧密衔接、并行不悖，即在培训中开发，在开发中培训。鉴于此，在概念界定上，对于“培训”与“开发”的界限并不做过于严格的划分，而是将它们统称为“培训与开发”。然而，严格来讲，二者在实质内涵、关注焦点、时间周期以及成效等方面都有所差异。

在内容和侧重点的考量上，培训旨在增强员工在当前工作岗位上所需的知识技能与能力素养，以确保其能够高效地完成当前任务。相对而言，开发则具备前瞻性和未来导向性，它更为强调和聚焦于培养员工在未来工作中所需的知识、技能和能力，以适应不断变化的组织需求和市场环境。

从时间和成效的维度分析，培训通常具有较短的时间周期和明确的阶段性目标。它要求成员在接受培训后能迅速将所获得的知识与技能应用到实际工作中，为组织利益的实现提供直接且即时的动力；而开发则往往需要更长的时间，且其阶段性目标较为模糊。虽然开发在短期内可能无法产生显著的即时效果，但作为对人力资本的长期投资，从组织和个人的长远发展来看，其效用将逐渐显现并产生深远影响。

在内涵的探讨上，培训是人力资源开发的主要手段之一，但并非唯一途径。人力资源的开发还涉及人力资源管理系统的其他多个职能领域。相较于开发的广泛内涵，培训的内涵相对较小，它构成了人力资源开发的重要组成部分和主要实施手段。

二、事业单位人力资源培训与开发的特点

（一）公共性

作为非营利、服务于公众利益的机构，事业单位在资源分配方面拥有重要地位。因此，在处理公共事务时，事业单位必须秉持公平、公正的原则，确保资源分配和获取机会的公正性，以维护社会公共利益。事业单位员工的核心职责是为社会提供优质服务，以实现公共利益的最大化。同时，事业单位人力资源的培训旨在提升员工的专业素养，以更好地履行其公共服务职责。作为公众的受托人，事业单位及其员工须时刻接受公众的监督，确保工作的公正性和有效性。

（二）政治性

作为社会公共权力的核心执行者，事业单位以政府为主导，在维护社会价值和分配资源中发挥着关键作用。因此，公职人员的工作性质与政治紧密相连，其培训必然带有政治色彩。2018 年中共中央发布的《2018—2022 年全国干部教育培训规划》中，“完善内容体系”章节特别强调了对公职人员进行“党的基本理论教育”和“党性教育”的必要性。这凸显了公职人员政治理论与政治素养的培养在事业单位人力资源培训中的重要地位。

（三）专门性

鉴于公共部门工作的特殊性、服务对象的特定性以及外部环境的复杂性，对公职人员的培训往往呈现出高度的专门性和明确的针对性。首先，在培训主体方面，公职人员的培训由具备特定资质和能力的机构和人员负责实施，

并非所有培训机构均具备成为公职人员培训主体的资格。其次，在培训内容方面，公职人员培训紧密围绕工作实际展开，注重针对性和实用性。培训内容依据经济社会发展的持续需求以及不同职位或职务的具体要求，精细规划和设计，确保培训内容与实际需求高度契合，即按需培训、按需开发。

（四）多样性

鉴于事业单位在职工作人员的任务多样性、学历层次与专业领域的复杂性，事业单位人力资源培训在主体、方式、内容和时间等多个维度上均体现出显著的多样性与灵活性。在培训主体上，涵盖政府培训机构（如各级党委党校）以及高校等第三方机构。在培训方式上，既有适应现代化需求的网络线上培训，也保留了传统的线下集中授课模式；既有理论培训，也有案例研讨和实地考察；并依据工作需求，提供在职培训与脱产学习等多种选择。在培训内容上，既注重理论知识的传递，也强调实践操作能力的提升；既涵盖专业知识的培训，也注重思想政治方面的教育。在培训时间安排上，既设有长期、定期的培训项目，也灵活开展短期、临时的培训活动，以满足不同工作人员的学习需求。

（五）终身性

公共部门人力资源的培训具有持久性，其实质在于连续的终身学习，是对基础教育与专业教育的有效补充和深化，始终与公职人员的职业发展紧密相连。公职人员的培训是根据其岗位特性、职业需求及工作标准而设计的系统性教育活动，贯穿于事业单位工作人员职业生涯的始终。

三、事业单位人力资源培训与开发的意义

（一）有利于提升事业单位人力资源管理效能

工作人员欲成为生产力中最具活力与创造力的核心力量，必须积极掌握新技术与新知识，以此不断推动劳动生产率的增长。人力资源的培训与开发，无疑是事业单位工作人员能力提升和知识更新的重要推动力。通过培训与开发的实施，以及与人力资源管理其他模块的协同配合，能深入挖掘工作人员的潜力，全面提升其综合素质，进一步激发人才在生产力发展中的积极作用，进而提高组织的整体绩效，并将高水平的人力资源管理效能推向新高度。

（二）有益于工作人员实现自我价值、增强组织认同

培训与开发是事业单位工作人员知识更新和技能提升的重要途径，对其职业生涯发展具有决定性作用。构建积极的教育培训氛围，实施系统科学的人才开发机制，能够深化工作人员的思想认识，凝聚共同的价值理念，充分激发其工作积极性与组织归属感，加强团队的凝聚力和协作能力，进而强化组织的创新活力与核心竞争力，推动事业单位持续、稳健地迈向高质量发展之路。

（三）有助于实现事业单位发展战略目标

在现代管理体系中，人力资源管理已逐渐从传统的日常事务管理转变为战略层面的核心管理。人力资源管理部门不仅要积极参与到组织战略目标的设定中，更要为组织当前及长远战略目标的实现，提供全面而精准的人力资源保障。作为服务党、国家和人民的重要机构，事业单位的核心宗旨在于提供优质的公益服务，以满足人民群众日益增长的服务需求。事业单位的员工队伍是服务提供的关键力量，因此，开展人力资源培训与开发，是加强人才队伍建设的重要战略举措，对于提升事业单位的服务质量、提高服务效率、

推动事业单位的长远发展，以及促进社会的和谐稳定，都具有不可估量的战略价值。

第二节　事业单位人力资源教育培训

一、教育培训的具体要求

事业单位教育培训工作的组织与实施，应严格遵循《干部教育培训工作条例》《事业单位人事管理条例》《事业单位工作人员培训规定》以及相关法律法规的规定，以确保教育培训工作的系统性和规范性。其核心目标是提升事业单位工作人员的理想信念、思想觉悟、职业道德及综合素养，进而构建一支高素质、专业化的工作人员队伍。

根据《事业单位工作人员培训规定》及相关法规，事业单位工作人员培训工作须以习近平新时代中国特色社会主义思想为指导原则，以全面提升公共服务能力为重点。在此过程中，应着重强化政治训练与政治实践，同时加强专业能力与专业精神的培养。教育培训须坚持政治引领、服务大局的导向，精准施训、按需培训，依法管理、严格规范，以提升培训的系统性、持续性、针对性和有效性。

事业单位工作人员有接受培训的权利与义务，通常每年应至少参与各类培训累计达到 90 学时或 12 天。若因故未能按照既定规定参与培训或未达到培训要求，应及时进行补充培训。对无正当理由拒不参与培训的工作人员，将根据情节严重程度，采取相应的批评教育措施，直至进行组织处理或给予相应处分。同时，参与培训期间，如有违反培训规定和纪律的行为，也将根据情节轻重，予以批评教育，直至采取组织处理或处分措施。

二、教育培训的具体程序

（一）分析培训需求

培训需求分析是教育培训工作的首要环节，对提升教育培训的质量和效果具有重要意义。在具体实施时，需对事业单位的组织架构、岗位职责以及员工能力进行深入分析，借助观察法、访谈法、问卷调查法等多种调研方法，全面把握组织在教育培训方面的实际需求。在此基础上，科学规划教育培训内容，确保培训活动的针对性和实效性。

（二）确定培训目标

制定培训目标时，应从三个关键维度出发：首先，明确内容，即受训者需完成的任务；其次，设定标准，即受训者需达到何种水平以完成任务；最后，确立条件，即受训者完成前述任务所需的资源与支持。培训目标既可以针对整个培训计划进行设定，也可针对某一特定的培训阶段。为确保其有效性和可操作性，培训目标应具体明确，不宜繁杂。

（三）制订培训计划

制定培训计划是对培训目标进行细化和具体化的必要步骤。从培训目标出发，需要详细规划培训的时间安排、地点选择、内容设置、目标受众、培训方法、讲师团队、预算分配、学制长度、课程构成、教材资料以及辅助培训所需的设备与设施。这一过程旨在确保培训过程的系统性、规范性和有效性，为培训实施提供明确的指导框架和可靠的依据。

（四）实施培训活动

在实施培训的过程中，组织者、培训者与受训者之间的协作至关重要，该过程被划分为以下三个关键环节：一是准备阶段。即预先明确培训计划中

的各项具体工作及其责任人。这包括但不限于选定培训地点、准备教学工具、发布培训通知并安排住宿、编写培训手册以及准备结业证书等。二是过程管控阶段。此阶段的核心在于对培训进程的严格把控、对培训质量的细致把关，以及对培训人员的合理激励与约束控制。三是成果转化阶段。即致力于促使受训者将培训中所学到的知识和技能有效应用于实际工作中，进而将培训成果转化为实际工作效率的提升。

（五）评估培训效果

评估培训效果是教育培训系统工程中的重要收尾工作，旨在系统回顾和总结培训效果，识别并分析问题所在，总结经验教训。这一环节不仅有助于发现新的培训需求，还能为后续的改进措施提供有价值的参考。在评估过程中常采用目标评价法、绩效评价法、关键人物评价法和收益评价法等评估方法，以确保评估结果的全面性和准确性。

三、教育培训的具体方法

事业单位人力资源教育培训的方式多种多样，在选择培训方式时，必须精准定位，确保教学内容能直接关联到公职人员的岗位职责，推动其提升工作绩效。培训方式的设计应着重强调其实用性，并在教学过程中突出实践性，通过引导受训者分析和研究实际案例，增强他们解决问题的能力。具体来说，培训方式可划分为在职培训与脱产培训两大类别。

（一）在职培训

在职培训，亦称“工作现场培训”，指的是在不脱离实际工作岗位的情况下进行的再教育活动。此形式主要面向已具备一定教育背景，并在相关岗位上从事工作的人员。在职培训的优势在于能够确保工作正常进行的同时，实现个人能力的提升，既节省了时间成本与经济成本，又加强了部门内部的沟通协作。然而，此种培训方式亦有其局限性，例如培训过程的规范程度可能较低，培训效果不明显且难以量化评估。目前，事业单位普遍采用的在职培训形式包括导师制（或称师徒制）、工作轮换、自主学习以及实习培训等。

1.导师制

导师制，亦称师徒制，就是为受训者精心选定一位导师。该导师将在工作中利用正式与非正式渠道，将个人知识及技能传授给受训者，以确保其在新的工作环境中能够迅速适应并有所成长。导师角色通常由具备丰富经验的内部员工担当，肩负着培养与指导徒弟的重要责任。

导师制的优点在于其实施一对一的指导模式，能够根据受训者的具体情况进行个性化教育，促使其快速融入并胜任工作要求。同时，导师不仅在工作上提供指导，亦关注受训者的生活，有助于实施人性化管理，增强员工队伍的稳定性。

导师制亦存在局限性。首先，导师的选拔过程具有一定难度，导师素质不稳定。其次，由于导师本身的工作负担较重，可能缺乏足够的时间和精力对受训者进行深入指导。此外，若缺乏有效的评估与监督机制，导师制可能流于形式，难以达到预期的培训效果。

2.工作轮换

工作轮换，是组织内部的短期工作调整机制，其核心目的是通过让受训员工在不同职能部门或同一部门内的不同岗位间轮换，以获取更广泛的工作经验和视野。这通常表现为借调等形式的职务调整。工作轮换的优势在于能够帮助员工积累多样化的工作经验，提升他们应对复杂任务的能力，同时也有助于缓解员工长期在同一岗位工作可能产生的职业疲劳，激发其工作热情。然而，工作轮换也存在一定的局限性，即由于轮换岗位多为综合性岗位，这可能导致员工在专业技能的深化和精进上受到一定限制。

3.自主学习

自主学习是指组织根据实际需求，为受训者设定学习任务，并赋予其自主规划学习时间与空间的权利。在此过程中，组织通常提供电子或纸质学习

资料，并设立考核日期以确保学习成果。此种学习方式尤为适用于理论知识的传授。其优势在于时间的灵活性与成本的经济性，为组织提供了高效且经济的培训途径。然而，自主学习亦存在其局限性，如缺乏实时监督，可能导致自律性较弱的受训者学习效果不佳。同时，长时间的自主学习可能引发受训者的乏味与倦怠，影响其学习积极性，进而对培训效果产生负面影响。

4.实习培训

实习培训是一种通过实际操作环境培养受训者技能与知识的方式。受训者直接参与工作，边做边学，获取实践经验。他们需详细记录实习过程，并接受部门主管或资深员工的反馈与建议，以优化学习效果。对受训者而言，实习培训不仅让他们亲身体验工作实际，还为他们提供了深入了解组织运作的机会。对于组织而言，实习培训是发掘和培养人才的有效途径。受训者的新鲜观点和旺盛活力能够给组织带来新的灵感和动力。同时，组织也能通过实习培训评估受训者的潜力和适应性，为未来的招聘和人才储备提供参考。

5.网络培训

网络培训，是指利用计算机及网络技术对员工进行全面而系统的培训。是当代企业培训的重要手段，其形式丰富多样，包括远程视频会议学习、在线网络课程学习、计算机辅助教学、光盘教学材料学习，以及知识共享平台等。网络培训的优势在于灵活性和便捷性，它打破了传统培训的时空限制，让员工能够根据自己的时间安排和地点选择进行学习，轻松实现随时随地的培训。此外，网络培训还能有效节约培训成本，提高资源利用效率，实现知识和信息的最大化共享。

6.集体学习

集体学习是中心组学习和党支部学习中常用的方式，同时也是事业单位人力资源开发与管理的有力工具。通过引入多样化的学习形式，如读书班、案例分析研讨和读书交流分享等，旨在持续提高党员及工作人员的政治理论水平，促进组织的持续发展和活力。

（二）脱产培训

脱产培训是一种员工在正常工作时间内暂时脱离岗位，接受全职专业培训的方式。这种培训可以由单位自行组织，或者委托专业的培训机构来实施。在专门的培训环境中，员工将通过各种方式，如课堂讲解、案例分析、模拟情景、小组讨论等，系统地学习并更新所在岗位所需的政策法规、工作实务等知识。培训内容通常涵盖管理、财务、人事、外事、信息化等多个重要领域，旨在构建一个完整且系统的知识体系，以提升员工的专业能力和综合素质。然而，这种形式的培训也会带来一定的挑战，比如可能影响到日常工作的正常进行，因为员工在培训期间无法履行其岗位职责。因此，在安排脱产培训时，单位需要提前做好工作协调和交接，以确保部门运作不受影响。

（三）专项培训

1.团队培训法

团队培训法是一种旨在通过优化团队成员间的绩效协作，进而实现共同目标的高效培训策略。它侧重于知识、态度和行为三个关键方面的培养。在实施过程中，团队培训法既可采用讲座、录像等传统方式传授沟通技能，也可通过角色扮演、仿真模拟等实践活动，为受训者提供沟通技能的实际应用机会。其主要培训方式包括交叉培训、协作培训和团队领导技能培训。通过有效的团队培训，团队能够建立起一套自我修正、信息协调和士气提振的机制。然而，由于团队培训法在组织和实施上的复杂性，以及对组织者或培训者能力的高要求，通常仅被那些具备充分资源和条件的大型组织所采用。

2.素质拓展训练

素质拓展训练，作为一种注重实践的培训形式，通常在户外环境中进行。它借助一系列具有挑战性的团队协作项目，引导受训者主动寻求合作、直面困难、解决难题。在亲身参与的过程中，受训者将经历心理的洗礼和思想的启发，从而增强自信心、锻炼意志力，并深化对团队合作重要性的理解。素

质拓展训练对于加强组织内部凝聚力具有显著效果，因此近年来在事业单位中备受青睐，成为一种发展迅速的培训方式。同时，素质拓展训练对培训师的专业素养提出了较高要求，因为培训师的专业能力将直接决定培训的质量和效果。

第三节　事业单位人才资源开发

一、人才开发的背景

（一）人才开发的必要性

人力资源作为社会生产中的核心动力与活力源泉，其重要性在经济学界普遍得到认可。人的能力构成包含先天与后天两个层面，其中先天能力源于遗传，涉及种族、家庭等因素所赋予的生理特征和体能条件；而后天能力则是通过教育、实践等途径，在个体出生后逐渐发展和提升的。

在人才开发的进程中，能力培养扮演着至关重要的基础性角色。作为人力资源中能力与素质卓越的群体，人才拥有深厚的专业知识或专门的技能，能够创造性地开展工作，并对社会作出显著贡献，广泛涵盖了各行各业的杰出代表。人才问题的核心在于如何有效地开发和利用这些宝贵的人力资源，以满足他们在物质、精神等多层次的需求，进而通过促进人才的全面发展，实现经济效益和社会效益的共同最大化。

在人类社会的历史进程中，人才是推动社会文明进步与经济社会发展的核心要素。当前，世界正处于一个飞速发展、深刻变革和全面调整的历史交汇期。在此背景下，加速人才的发展步伐，对于在激烈的国际竞争中取得主动权，具有举足轻重的战略意义。为实现我国全面建成小康社会的宏伟目标，进而推动中华民族伟大复兴，我们必须进一步加大人才开发的力度，推动由人力资源大国向人才强国的根本性转变。

全国范围内的专业技术人员主要集中在事业单位，事业单位作为人才开发的核心阵地，承担着关键职责。党和国家始终将人才工作置于重要位置，已陆续推出了一系列旨在加强人才工作的政策措施和指导意见，涵盖了干部选拔任用、职称评审、高层次人才培养、创新创业以及人员奖励等多个方面。在这一过程中，事业单位人才体制机制改革持续深化，科学人才观得以初步确立。目前，各个领域的事业单位人力资源开发与管理人才队伍规模日益壮大，市场配置人力资源的基础性作用得到有效发挥，人才开发工作取得了显著成效。

在当前的发展阶段，对人才开发的需求达到了新的高度。事业单位作为人才资源的重要聚集地，正站在人才事业繁荣发展的战略节点上。在既有的成就之上，我们需要进一步克服目前存在的一系列问题，如高端专家型人才的短缺、人才创新潜能的释放不足、人才构成的不合理、人才发展保障体系的薄弱环节，以及人才开发投入的不充分等。基于国情和事业单位的具体情况，我们应当以公众最为关切、最为直接、最为紧迫的问题为导向，主动对接我国经济社会发展的需求，实施科学的战略规划，全面推动人才开发工作，以期构建人才辈出、各尽其才的崭新局面。

二、人才开发的原则

事业单位的人才开发关系到党和国家事业的发展，必须坚持具有中国特色的事业单位人才开发原则。

（一）坚持党管人才原则

人才是创新的源泉、发展的动力、强国的基石。坚持党对人才工作的全面领导，是事业单位人才队伍建设不可或缺的政治保障和行动指南。必须贯

彻党管人才的原则，将人才工作置于战略高度，充分发挥事业对人才的吸引力、环境对人才的凝聚力、机制对人才的驱动力、服务对人才的保障力，深化人才的团结、培养和服务。同时，要积极推行更加开放、积极的人才政策，全面引进、合理配置、精心培育、高效利用人才，确保党对事业单位人才工作的全面领导得以切实体现。

（二）坚持服务大局原则

事业单位人才工作的核心宗旨是紧密围绕中心任务、服务整体大局，以满足人民群众对美好生活的热切期盼为根本导向。在追求“两个一百年”奋斗目标的伟大历史进程中，我们必须始终保持人才开发与经济社会发展的协调同步。立足新发展阶段，贯彻新发展理念，构建新发展格局，推动高质量发展，需要充分发挥人才的创新优势，在日益激烈的国际竞争环境中积极构建战略人才力量，从根源上增强人才对经济社会发展的推动力。

（三）坚持务实求效原则

在推进人才工作方面，我们必须采取务实措施，追求实际效果，以实现人才的全面引进、系统培养、高效使用和有效留任。要增强服务意识，切实为人才解决后顾之忧，确保各项人才政策得以落实，并为人才规划清晰的发展蓝图。此外，健全人才工作考核机制，将人才工作的实际成效作为衡量工作成果的关键指标，确保人才工作能够真正取得实效。

（四）坚持尊才重才原则

为构建一个尊重人才、渴求贤才的社会生态，以及营造公平、开放、灵活的制度环境，我们必须坚定不移地弘扬科学家精神，并致力于构建多元化、科学化的人才评价体系。同时，加速高层次人才和技能人才的培育与引进，通过实施容错纠错和正向激励机制，确保人才在政治和物质层面得到应有的尊重和保障，从而进一步增强对人才的吸引力和凝聚力。

（五）坚持对外开放原则

要深入贯彻“聚天下英才而用之”的原则，积极实施更加开放和富有成效的人才政策。在重视国内人才资源的同时，我们还应拓宽全球视野，广泛吸引来自世界各地的杰出人才。事业单位在人才培育与引进方面，应积极融入全球人才网络，为人才提供一流的发展平台和资源支持。通过突破体制、机制和环境的局限，进一步加大对海外顶尖人才和国内优秀人才的引进力度，加强国际人才交流与合作，以推动世界级人才中心和创新高地的建设。

三、人才开发的主要方法

（一）个体开发

1.培养进修

以提升人才综合素质和职业技能为首要任务，结合工作实际需求，把经过遴选的专业人才及专业后备力量作为培养的重点对象，纳入年度培养与进修计划中，并根据计划分期分批地安排内部培养与外部进修，包括组织专题培训、派遣外出学习以及参与实际工作锻炼等多种形式。培训内容涵盖管理培训、技能培训、特定领域的专业培训以及职业资格认证培训，以确保人才培养的全面性和深度。

2.交流挂职

在不影响事业单位人事关系稳定性的基础上，有组织地选派现有员工前往上级机关、下级机构或不同部门、国有企业以及乡村振兴的关键岗位，担任相应职务，以进行系统的培养与锻炼。挂职交流期满，员工将回归原工作岗位或视其表现获得内部提拔与留任。员工在交流挂职期间取得的成果和贡献，将在原单位进行的职称评定、岗位竞争以及绩效评估中，作为重要的参考依据。

3.职业生涯规划

人才是推动社会进步的宝贵资源，他们渴望通过不断学习与努力，实现自我价值最大化。因此，事业单位必须贯彻“以人为本”的理念，积极构建符合人才发展需求的职业生涯规划体系。职业生涯规划是一项综合性工作，它涉及人才定位、目标设定、路径规划以及持续发展等各个环节。实施职业生涯规划，可以更好地协调个人与组织的关系，实现个人成长与组织发展的双赢，激发人才潜能，提升其工作满意度与绩效，进而为事业单位的持续发展提供有力的人才保障。

4.创新创业

2017 年，人力资源和社会保障部出台的《关于支持和鼓励事业单位专业技术人员创新创业的指导意见》，为事业单位专业技术人员在创新创业方面提供了政策导向和制度保障。根据该指导意见，事业单位可根据工作需要，灵活选派专业技术人员去企业挂职或参与项目合作，同时鼓励他们兼职进行创新或在职创办企业，甚至允许他们选择离岗进行创新创业。这一举措不仅为事业单位人才开发开辟了新路径，也为专业技术人员的成长提供了更广阔的发展空间。

（二）群体开发

1.团队建设

人力资源的开发与管理在团队建设中占据核心地位，其关键在于人才的合理配置与利用。为确保人才的有效开发，需制定目标明确、计划周详的管理框架，实现人才分层次、分领域、分团体的科学化管理。构建诸如科研单位学习型团队、高校教师教学创新型团队、医院高层次人才攻坚型团队等多样化团队形态，以高标准认定人才、高要求评估人才、高投入激励人才，确保人才在团队中能够找到个人的发展定位和价值所在，进而提升整个团队的协作能力、执行效率和管理水平。

2.项目运营

事业单位的职责和任务，往往通过具体项目来落实，而项目的执行者即为组织的核心开发群体。项目执行过程中，要注重项目管理学知识的实际应用，以加强参与者在项目环境分析、成本控制以及采购管理等方面的能力，从而确保项目能够高效运行，实现社会效益与经济效益的双赢。

3.工作专班

工作专班机制在事业单位中占据着举足轻重的地位，它被视为一种高效的人才开发方式。在面对复杂、紧急且重要的工作任务时，事业单位会组建跨部门的工作专班，以专班机制为核心，充分调动和发挥专班人员的智慧与力量。通过集思广益、协同配合，专班人员能形成合力，有效应对各种挑战，确保任务的高效完成。例如，在重大项目建设、重要会议的筹备工作中，都可以看到工作专班的身影。

（三）组织开发

1.组织梯队建设

人才组织开发的关键在于建设梯队核心骨干。通过与人力资源服务第三方的深入合作，充分发挥其专业性，系统性地开展各项人才开发工作。比如，引入并实施先进的干部分类管理系统，采用360度测评、年度考核和业绩评估等多种手段，确保对人才的精准识别和定位。通过建立年轻人才、骨干人才和核心人才的多层次梯队，实现对人才发展的全面追踪和把握。

2.人才库建设

为确保事业单位的稳定发展并满足其人才需求，构建完善的人才库显得尤为关键。首先，积极吸纳国务院政府特殊津贴专家、各级人才荣誉获得者、博士、博士后、海外归来的精英人才以及具备高级职称的专业技术人员等高层次人才，纳入人才库进行系统性管理。其次，将学术、技术领域的领军人物和当前急需的紧缺人才也纳入人才库。同时，杰出青年人才和具有突出贡献的个体也是不可或缺的一部分。此外，为确保人才库的有效运行，可设立

人才专项基金，以提供必要的资金保障。

3.组织文化建设

组织文化是组织独特性的集中体现，是组织持续繁荣与进步的基石。事业单位作为公益性和服务性的代表，其组织文化建设必须紧密围绕这一属性，同时兼顾人才队伍的多元、高素质和个性化特点。因此，事业单位需强化主流价值文化塑造，培育具有高效服务特色的组织文化，并构建完善的文化体系。尤其是广播电视、高等学府、文化机构等事业单位，更应积极探索、培育独特的组织文化，以文化“软实力”吸引、留住和凝聚人才，共同推动事业单位的稳定发展。

第九章　行政与人力资源管理的变革与创新

行政管理涵盖了公共行政与一般行政管理两个核心层面。公共行政特指政府机构依照国家法律，对社会公共事务实施的有序管理和服务。而一般行政管理则涉及国家行政机构、企事业单位及非营利组织在法律法规和政策框架内开展的一系列管理活动。行政管理的核心在于，通过运用科学的管理思想、原理和方法，实现高效、精准的管理，以优化资源配置，减少浪费，提升管理效果、效率和综合效益，从而助力组织达成其战略目标。

在达成行政管理核心目标的过程中，基于人才的因素是至关重要的。行政体制与机制的设计、政策的设计与制定以及具体管理活动的实施，均离不开人才的支持。因此，公共部门中的各类组织需根据既定目标，对所属人力资源进行战略规划、招聘录用、培训开发、薪酬管理、绩效评估及权利保障等一系列人力资源管理活动，以确保行政管理的顺利进行和目标的实现。

第一节　行政与人力资源管理的现状分析

人力资源管理在事业单位行政管理体系中占据核心地位，对于优化人力资源配置、提升管理效能具有至关重要的作用。随着事业单位改革的持续推进，人力资源已成为推动事业单位持续健康发展的关键因素。通过实施科学、规范的人力资源管理，可以有效提升人力资源的使用效率，进一步提高事业

单位公共服务质量和效能，促进事业单位全面发展。然而，当前一些事业单位在人力资源管理方面仍存在一些问题和挑战。因此，事业单位应紧密结合新时代的发展需求，积极探索创新人力资源管理模式，全面提升人力资源管理水平，以更好地适应和服务于事业单位的改革与发展。

一、事业单位人力资源管理工作的重要性

（一）提升事业单位人力资源管理水平，符合社会经济发展需求

人力资源管理在事业单位的发展历程中，占据着举足轻重的核心地位，发挥着不可替代的作用。事业单位的人力资源是推动各项工作创新、提升服务效能的关键力量。因此，强化事业单位人力资源管理工作，旨在充分发掘人才潜力，激发每一位工作人员的工作热情，使其能够积极适应社会对事业单位日益提升的要求。在此背景下，事业单位亟须加快构建一支具备专业素养、工作能力突出、服务意识强烈、技术精湛的工作队伍，以确保事业的稳健发展和社会的持续进步。

（二）有效满足事业单位的发展需求

在事业单位的运营中，员工普遍体现出卓越的专业素养和强大的专业能力，同时他们也都拥有明确的职业发展路径。在人力资源管理工作中，如何高效地调配和利用这些人才资源，确保每位员工在事业单位中发挥其最大效能，实现人力资源管理与事业单位发展的紧密融合，进而共同推动事业单位的持续发展，已成为事业单位人力资源管理部门需要深入思考和精心筹划的关键议题。通过不断优化和调整人事管理策略，使员工的个人发展与事业单位的整体战略相契合，既有助于增强员工的归属感，又能为事业单位满足人才需求、实现员工个人目标提供有力保障。

（三）更好地满足事业单位改革创新要求

在新形势下，事业单位面临着更为严峻的发展挑战。随着行政机构改革的加速推进，以及内外部压力的双重影响，事业单位若要在激烈的竞争中保持竞争力，必须高度重视并加强人力资源管理工作。这要求事业单位在人力资源管理理念上进行有效创新，将先进的管理理念融入工作的各个环节，以推动事业单位的持续发展。因此，为确保事业单位在行政体制改革和经济发展的大背景下实现资源的优化配置，必须加强人力资源管理制度的创新，从而显著提升人力资源管理的质量和效果。

二、事业单位人力资源管理变革与创新的意义

首先，提高事业单位的核心竞争力势在必行。虽然事业单位的服务职能与业务领域各不相同，但它们无一不依赖于政府财政支持来维持正常运营与发展。如果继续沿用传统的人力资源管理模式，事业单位在履行职能时将难以取得持续性的效率提升，这不仅是对政府财政资源的无效使用，更是对事业单位综合竞争力提升的阻碍。

其次，这一变革是响应人事改革需求的必然结果。目前，我国正在全面推进国家治理现代化，要求事业单位积极适应社会发展趋势，逐步优化人力资源管理模式。通过改革，事业单位能够激发员工的危机意识和责任感，进一步释放单位的发展潜力。

最后，事业单位作为民生事业发展的重要支撑，其职能履行情况直接关系到国家综合实力的提升。因此，优化人力资源管理模式，不仅有助于事业单位自身的发展，更对增强国家综合国力具有重要意义。

三、事业单位人力资源管理中暴露的问题

（一）管理观念落后

人力资源管理涉及薪酬体系、绩效评估等多维度内容。近年来，人力资源管理理论取得了显著进步，先进的管理理念和技术在实践中得到了广泛应用。然而，当前一些基层事业单位在人力资源管理方面仍存在滞后现象。这些单位在人才培养与使用中，未能有效结合事业单位的长远战略，导致人力资源的潜力未能得到充分发挥。同时，部分人员对于人力资源管理的核心价值认识不足，缺乏应有的重视，这在一定程度上制约了人力资源的高效利用。

（二）管理制度不够完善

在人力资源管理实践中，部分单位在制度优化和执行力上存在明显不足。首先，岗位配置未能基于人才的实际需求与潜力，进行精细化的岗位分配，从而影响了人力资源管理的整体效率。其次，尽管员工培训被普遍认为是提升人才质量的关键环节，但部分事业单位在培训目标的设定和课程体系的规划上显得较为随意，导致培训效果不尽如人意。再者，人才考核过分侧重于学历、职称等外在因素，而忽视了员工在实际工作中展现出的能力和贡献。最后，绩效考评作为衡量员工工作成果和事业单位运营状态的重要指标，在部分事业单位中并未得到足够重视和有效执行，这在一定程度上制约了事业单位的稳健发展。

（三）人员招聘模式固定化

当前事业单位在校园招聘及社会招聘的流程中，普遍采取笔试、面试及体检相结合的综合评估模式。在试题设置上，不论是面向校园还是社会，事业单位的考核内容大都包含申论、行政能力测试以及专业能力评估三大部分。从这三者的比重来看，大部分事业单位都能平衡考量候选人的各方面能力。

但也有少数事业单位在试题设计上，对实际工作能力、工作内容理解、岗位职责掌握以及专业技能运用等方面的考查比重偏低，导致招聘到的新员工在某些方面与事业单位的实际需求之间存在一定差距。这种僵化和固定化的招聘模式，不仅不利于事业单位工作队伍整体专业能力的提升，还可能对事业单位的长远发展产生负面影响，给未来的人力资源管理工作带来一定的挑战。

（四）事业单位人力资源管理队伍的专业水平有待进一步提升

事业单位人力资源管理队伍专业素养的高低直接关系到整体人力资源管理的效能。通过对各事业单位人力资源管理团队建设现状的研究发现，部分单位对人力资源管理团队的建设重视不足，这导致了团队整体专业水平的相对滞后。例如，在某些事业单位中，人力资源团队由多名员工组成，他们除了承担人力资源管理工作外，还需兼任其他职责，这在一定程度上分散了他们的专业精力。此外，许多员工在人力资源管理方面的专业素养普遍较低，缺乏系统的专业培训和深入的专业认知，学历水平也相对偏低。然而，人力资源管理是一项高度专业化和系统化的工作，缺乏专业支持将严重影响管理效率，进而制约事业单位人力资源管理质量的提升。

第二节　行政与人力资源管理的创新策略

一、创新管理理念

在组织发展的战略部署中，人才始终扮演着核心角色。事业单位若要实现持续竞争力，必须构建一支具备卓越专业技能和深厚知识底蕴的员工队伍。因此，事业单位在人力资源管理上，必须坚决推进管理理念的革新，并坚定不移地实施以人为本的管理策略。在实际操作中，事业单位应紧密结合自身

的发展实际，积极吸取现代企业人力资源管理的先进经验，深入挖掘人力资源的潜力，全面发挥其效能，以推动事业单位的可持续发展。人力资源管理者应全面考虑实际需求，科学合理地设置岗位，优化人力资源配置，摒弃陈旧的思维模式，稳步推动人力资源管理模式的改革，提高管理效率，为事业单位的改革与发展提供坚实保障。

二、完善管理制度

为确保人力资源管理工作的有效推进和效能的显著提升，事业单位首要任务是建立并完善人力资源管理制度。在实际操作中，事业单位需从多个维度出发，综合施策。首先，事业单位必须基于自身的实际情况和发展战略，科学规划岗位设置，确保人才资源的合理配置和高效利用。对于具备条件的事业单位，应深入实施定岗定编原则，实现岗位与人员能力的精准匹配。其次，事业单位应致力于学习型组织的建设，持续优化人才培养和开发体系。要紧密结合各部门、岗位的实际需求，明确人才培养目标，制定科学合理的培训计划和方案，逐步培养出符合组织发展需求的高素质人才。同时，培训结束后，需对培训效果进行客观评估，并根据反馈意见进行持续改进。最后，事业单位需根据岗位职责要求，构建完善的人才评价机制，科学设计评价指标和内容，全面客观地评价人才的综合能力。评价结果应作为岗位晋升、职称评审等的重要依据，以充分发挥人才评价的导向作用，并激发人才的积极性和主动性。

三、健全选拔任用机制

为有效提升事业单位人力资源管理的效率与水平，充分发挥内部人员的才能，必须构建完善的人才选拔任用体系。首先，人力资源管理者应精准识别并合理使用人才，确保人才与岗位的精准匹配，使每位人才都能在合适的岗位上充分展现其才能，同时满足各岗位的具体工作需求。在人才选拔时，既要全面评估人才的综合素质，又要细致分析其与岗位要求的匹配度。此外，还需积极关注并吸纳人才的反馈建议，将以人为本的管理理念贯穿于人力资源管理的全过程。其次，需持续完善人才选拔制度，严格规范人才选拔任用的流程。在选拔过程中，应严格遵循公开、公平、公正的原则，确保选拔过程的透明性和规范性，为优秀人才提供一个公平竞争的环境。

四、科学定位，提高人力资源管理部门的独立性与客观性

在事业单位的人力资源管理体系中，人事管理部门往往是行政后勤体系内的一个子部门或辅助机构，未能享有充分的独立运作权限。这种结构不仅限制了人事管理活动的灵活性和效率，还可能导致管理结果与实际需求脱节。因此，新时代背景下有效解决人力资源管理的困境，就必须打破既有模式，科学定位，强化人力资源管理部门的独立性和公正性。一方面，人力资源管理部门应当成为一个独立的实体，拥有与其他管理部门同等的职权和地位；另一方面，人力资源管理应接受单位最高领导层的直接指导，对战略决策层负责。

第十章　行政与人力资源管理的未来展望

第一节　行政与人力资源管理的发展趋势

在信息技术飞速发展、社会生活不断丰富的今天，公共领域的各项管理事务时刻发生着改变，事业单位的行政与人力资源管理亦是如此。当前，我国的行政与人力资源管理呈现出法治化、数字化、人性化、伦理化、战略化的趋势。

一、法治化

法治化是事业单位人力资源管理的重要基石，它要求公共部门在人力资源管理中坚持法治原则，运用法律精神和原则来调整人力资源管理中的主体与客体的关系。通过依法行使管理权限，旨在保护各方合法权益，同时确保公职人员依法履行其职权和职责。这包括：明确事业单位人员的法律地位，界定其身份、职权与职责、权利与义务；建立事业单位人员与其上下级、同事之间的法定关系，确保他们依据法定地位履行职责；公务行为必须严格遵循法律法规；关于公务人员的各项规定，需由法定机关依照法定程序进行制定、修改等。现代事业单位人力资源管理的法治化，为构建理性、客观、公正的管理环境提供了坚实的制度保障。

二、数字化

数字革命正引领信息技术飞速发展，其势头不可阻挡。物联网、云计算、大数据、人工智能等技术与计算、传感、通信技术的深度融合，正深刻重塑着人类的行为模式。事业单位的人力资源管理亦不例外。鉴于信息技术的深刻变革，事业单位传统的人事管理模式已难以适应当前需求。为追求成本节约与效率提升的双重目标，计量化、分析化、智能化的管理手段已成为事业单位人力资源管理不可或缺的必然趋势和重要导向。

1.对信息和网络技术的依赖进一步加强

随着科技的日新月异，行政与人力资源管理的现代化进程离不开信息与网络技术的有力推动。电子化、数字化的应用极大地提升了行政与人力资源管理的效率，使管理流程更加规范、数据更加精确。事业单位在采用网络技术进行数字化管理的同时，不仅实现了成本优化和效率提升，还加强了人事管理的透明度和公正性。目前，事业单位在招聘、考试、录用等关键环节均通过在线平台公示，接受社会监督，同时利用数字信息技术开展培训与发展工作。信息和网络技术已成为包括事业单位在内的公共部门行政与人力资源管理的关键支撑，高效管理的实现已与现代信息技术的深入应用紧密相连。

2.管理更加科学精确

目前，我国公共部门正全面推进全国公务员管理信息系统的普及与应用，这一举措标志着信息和网络通信技术在公职人员管理领域的深度融合，有效推动了管理手段的创新与升级。信息革命所带来的无纸化、数字化趋势已在我国人力资源管理的各个环节中得到广泛实施。借鉴西方国家建立的人力资源管理信息系统，我国事业单位亦开始构建并投入使用此类系统。该系统通过信息收集与数据库建设，辅助项目规划、控制和评估等人力资源管理活动，为人力资源管理工作提供了更加科学、精确的支撑。同时，数字化、无纸化的管理方式也显著减少了人为因素对程序的影响，使得事业单位的行政与人力资源管理工作更加规范化。

3.工作效率不断提高

数字化、信息化管理的实施，有效降低了公共部门人力资源管理的成本，并显著提升了管理效率。例如，在公共部门的招聘过程中，岗位的具体要求被明确规定并发布在官方网站上，考生可通过在线系统自主填报并提交申请。单位则根据预设的筛选条件，对申请进行快速审核，并将结果及时反馈给考生。这一过程不仅简化了传统招聘的烦琐流程，还大幅减少了招考单位与考生之间的时间成本。同时，信息技术的运用也加强了公职人员之间的沟通与合作，通过高效的通信平台，信息的传递和工作反馈变得更加迅速和便捷，几乎消除了地域限制。

此外，远程网络教育技术的日益成熟，显著提高了人力资源培训的精准度和适应性，有效降低了培训成本，缩短了培训周期。在薪酬管理方面，借助先进的计算机技术与网络平台，薪酬计算、发放等流程变得更为简洁透明，从而减少了潜在的操作失误。

随着互联网信息技术的日新月异，事业单位未来的数字化、电子化建设将步入新的发展阶段，管理模式也将迎来根本性转变，进而极大增强管理效能。但需要注意的是，数字化在为事业单位行政与人力资源管理带来诸多便利的同时，也引入了一系列不容忽视的风险和考验。

三、人性化

在行政与人力资源管理中，人性化管理的精髓在于人本管理，即确立人的核心地位，并以其为管理活动的中心。人本管理强调在人力资源管理中，将“人”视为管理活动的关键要素，致力于关心人、尊重人、理解人、激励人、解放人。这种方法不仅凸显了人的重要性，还充分尊重了员工的个性化需求，并注重其个人发展。通过实现组织目标与员工个人目标的有机结合，以及充分调动员工的积极性、主动性和创新性，能够更有效地达成组织目标。在行政与人力资源管理的人性化实践中，员工始终是工作的核心，是组织最

宝贵的资源。

1.以人为本的管理理念不断凸显

在行政与人力资源管理的现代化进程中，人本理念的深度融入已成为一种不可逆转的趋势。从新公共管理的视角审视，人本理念的融合首要体现在管理者对于服务意识的强化与突出，他们致力于实现管理职能由传统的控制导向转向服务导向，以优化管理环境。其次，以人为本的管理理念鲜明地体现在对员工的尊重与信任之上。这涵盖了对员工人格的尊重、对员工权益的保护，以及确保员工享有知情权、参与权、平等竞争权和利益共享权等基本权益。此外，对员工的人文关怀亦是人本理念的重要体现，具体表现为对员工身心健康的深切关注，定期为员工提供体检和心理测评等服务，以营造更加和谐、健康的工作环境。

2.愈加重视员工的职业生涯管理

为确保组织长期规划与员工个人发展的紧密融合，事业单位从组织层面对员工的职业选择和职业发展进行系统化管理。这包括为员工提供职业发展目标的指导与协助，精心规划职业发展路径，并持续为员工实现职业目标提供必要支持。在充分尊重员工个体差异和职业发展需求的基础上，根据员工的能力与潜力，为他们指明职业发展方向，并通过提供公平的晋升机会、针对性的职业培训等手段，为员工搭建一个展示才能、实现职业抱负的舞台。事业单位对员工职业生涯管理的重视与投入，有效激发了员工的工作动力，使他们在工作中能够不断设定并达成目标，从而获得持续的职业满足感和成就感。员工在追求个人职业目标的同时，也推动了组织整体目标的实现和组织的持续发展。

四、伦理化

伦理是构建人与社会和谐关系的基石，是指导人与人、人与社会间价值判断、道德观念及行为规范的准绳。随着社会文明的进步与发展，事业单位

在行政管理和人力资源管理上持续进行创新与改革，逐步构建了一套基于事业单位人力资源发展的伦理道德体系，即人力资源管理伦理。这一体系不仅融合了多元化的价值观念，还蕴含了丰富的道德准则。事业单位人力资源管理的伦理化，不仅是现代公共部门管理发展的必要路径，更是推动其持续健康发展的重要保障。

1.职业伦理建设逐渐完善

我国历史上长期存在的“官本位”思想，对公职人员的行为产生了不可忽视的影响，导致部分公职人员行为失范，从而损害了政府形象和公信力。随着公共管理理念的不断演进和实践的深入，以人民为中心的服务理念逐渐被广泛接受，事业单位开始注重伦理建设。尽管当前我国尚未出台专门的公务员伦理法律法规，公职人员的职业伦理主要依赖党纪和说服教育来维持，但随着以德治国理念的逐步推广，事业单位已开始采取一系列措施来加强伦理建设，以确保事业单位行政与人力资源管理的公平公正，并推动构建一支忠诚、干净、为人民服务的人力资源队伍。

2.公职人员伦理责任不断强化

事业单位人力资源管理伦理作为法律规章制度的必要补充，对于确保公务员行为的合规性具有重要意义。它深入探讨了公务员行为背后的伦理动机与实施方式，为公务员提供了明确的道德指引。当伦理准则成为公职人员自觉遵循的行为准则时，其约束力将显著增强，有助于规范公职人员的行为。随着事业单位工作透明度的日益提高，公职人员的行为受到公众与社会的广泛监督，这也促使他们更加重视并履行自己的伦理责任。

3.伦理道德教育活动常态化开展

现阶段，事业单位正全面推进员工的伦理道德教育。从入职前的培训开始，职业伦理道德就被纳入重要的教学内容之中。各部门积极响应中央号召，不断深化廉政教育，并系统组织公务员职业道德专题培训活动，旨在引导公职人员树立以德为先的职业理念，以身作则，树立榜样。伦理教育活动的深入开展，已成为人力资源管理伦理化的重要一环。

五、战略化

人力资源作为组织获取并保持竞争优势的基石，其管理已成为组织难以被竞争对手轻易复制的核心优势。经过数十年的变革创新，事业单位的人力资源管理已突破传统人事管理的局限，晋升为战略管理的关键领域，即战略人力资源管理。公共部门人力资源战略，是着眼于全球视野，对人力资源的开发与管理进行长期、宏观、整体的规划。战略化的人力资源管理正是基于这一战略视角进行的管理实践。相较于传统事业单位的人力资源管理，战略化管理更加注重全局性、前瞻性和战略性。战略化管理使事业单位能够根据组织目标的动态变化，实施有效的人力资源规划，进而确保人力资源管理与组织及外部环境的需求相匹配。

第二节　行政与人力资源管理面临的挑战

经过长时间的发展，我国事业单位的行政与人力资源管理在理论和实践上取得了很大的进步。从招募与录用的精准性，到培训与开发的系统性，再到绩效与薪酬管理的科学性，每一项工作都体现出更加严谨与高效的态势。社会的进步与发展，为事业单位行政与人力资源管理的改革与创新带来了新的契机，同时也对其提出了更高标准。面对新时代，我国事业单位的行政与人力资源管理仍面临一系列亟待解决的问题与挑战。

一、数字化转型仍面临困局

（一）缺少数字化转型的整体规划

在事业单位人力资源管理数字化的转型过程中，数字信息技术往往被视作管理活动中某一环节的辅助工具。然而，若要真正通过数字化转型提升人力资源管理的效率，需实施全方位的升级，这包括管理方式、手段、目标以及对象等多个维度。数字化应贯穿于人力资源管理的全周期之中。鉴于人力资源数字化转型的复杂性及多层面性，事业单位需对数字化转型进行全面规划，包括明确目标、设定时间表及制定转型措施，并根据实际情况适时调整。这样，才能从组织自身的角度出发，探索出适应发展的转型路径。然而，当前众多事业单位在数字化转型过程中，仅关注数字化技术的应用，而未能将数字化转型作为人力资源管理发展的核心方向。由于缺乏整体规划，人力资源管理的数字化建设尚处于不成熟阶段，数字化转型的深入程度有待加强。

（二）数字化转型带来一定的风险和挑战

任何一个新兴科技在与社会生活与管理融合时，都会带来一定的风险和挑战，将数字化融入公共部门人力资源管理也不例外。一方面，公共部门人力资源管理数字化转型面临数据隐私安全的挑战。数字化管理中，组织内部的人力资源数据不断积累、存储，且十分详细、全面，这些数据一旦泄露，组织利益和个人权益都会受到侵害；另一方面，在采用数字化管理对员工进行分析时，可能会造成“信息茧房”，比如在培训分析中，利用数字化技术可准确分析出员工当前最需要学习的知识技能，按照数字化分析的结果，对员工进行精准推送，这可能导致员工只能够接受工作所需知识技能的培训，而难以接触到其他信息，一定程度上局限了员工的知识宽度与视野。

二、人员的流动性较低且限制较多

人员流动是事业单位人力资源管理中的重要环节，对于推动组织的更新迭代、增强内部活力具有重要意义。通过流动，事业单位能够更有效地获取、分配和利用人力资源，防止人才资源的闲置与浪费，同时也有助于激发公职人员的积极性，使其找到实现个人价值的平台。为了实现事业单位人力资源的高效利用，必须保持一定的人员流动性，并定期对人员结构进行调整。然而，当前我国事业单位在人员流动方面仍面临一些亟待解决的问题。

（一）人员流动率低且流向不对称

一方面，事业单位人员流动性普遍偏低，许多公职人员长期坚守在同一部门、同一岗位；另一方面，人员流动模式呈现出明显的不对称特征，进一步加剧了人才资源的地域和行业分布不均。事业单位人员流动的驱动力主要源自对薪资待遇的期望以及对工作环境的考量。由于不同区域、不同行业、不同部门间的职位差异，公职人员在选择流动时往往倾向于待遇更好、福利更优的发达地区和部门，而相对偏远的地区则面临人才匮乏、流失严重的困境，这无疑对我国事业单位的均衡发展构成了挑战。

（二）配套制度滞后于流动需求

目前，事业单位人员流动的配套制度在适应实际需求方面明显滞后。一方面，关于事业单位人员流动的原则性规定、详细操作标准、规范流程和明确的权责界定均不完善。缺乏配套的法律法规使得事业单位在人力资源流动管理的具体操作中难以有明确依据，容易导致流动的随意性和不规范性。此外，这种制度缺陷还可能加剧监管的薄弱，使公职人员可能因私人利益而干预正常的人员流动；另一方面，编制门槛也对人员流动形成了一定程度的制约。《中华人民共和国公务员法》第 63 条虽规定了公务员的交流渠道，但在实际操作中，由于党管人事的原则和编制管理的限制，组织部门需根据编制

情况决定人事变动，这在很大程度上限制了人员的内外流动。

（三）退出机制不完备

相较于私营部门，事业单位工作稳定性更高，工资福利保障体系更为完善，享有较高的社会地位，并在退休后仍能享受优厚的福利待遇，因此，事业单位的编制被形象地称作“铁饭碗”。尽管《中华人民共和国公务员法》第13章与第14章已对辞职辞退、退休机制以及受行政处分开除等情形进行了明确规定，但在实际操作中，编制内人员主动离职或被辞退的情况鲜有发生，即鲜有放弃或被收回“铁饭碗”的实例。“铁饭碗”现象的存在，导致了事业单位工作人员在竞争淘汰机制中缺乏内驱力和危机感，进而对事业单位的实际工作效率产生了负面影响；同时，由于“铁饭碗”的稀缺性，部分公职人员在面对体制外更为优越的工作机会时，也往往难以主动辞去公职，离开公职人员队伍。

三、人力资源培训过程与效果有待优化

培训是推进公共部门人员队伍建设管理、提高公职人员政治素养、改进工作作风、提高业务能力的重要方法。目前，我国公共部门培训中引入了多种方式方法，但培训与开发的成效仍然十分有限，具体表现如下：

（一）培训内容和形式单一

当前，事业单位的培训领域中，培训内容与形式单一的问题依旧存在。尽管培训方式已逐渐多元化，但集中的理论培训依然占据核心地位。这种集中的理论学习形式因其枯燥和内容的单一性，易使受训者产生倦怠感。此外，部分事业单位虽在培训前进行了需求分析，但培训内容的实际针对性仍显不足，普适性培训占据较大比例，而特定领域及实践操作的培训相对较少。这种培训形式与内容的单一性，在一定程度上削弱了培训的整体效果。

（二）培训时间分配不合理

由于公职人员承担着繁重的工作任务，事业单位培训普遍采取在职培训的方式。然而，在培训时间安排上，存在两大问题：一是公职人员普遍面临时间紧张的问题，难以腾出专门时间参与培训；二是短期培训占据主导地位，其效果相对有限。由于现实条件的限制，事业单位人力资源培训多以短期形式进行，这类培训通常仅适用于基础性或紧急需求的培训，其系统性和深度有所不足，因而培训效果较为有限。

（三）培训工作实施过程不科学

人力资源培训是一个系统性极强的过程，涉及分析培训需求、策划培训方案、执行培训活动、有效转化培训成果和全面评估培训效果的各个环节。然而，我国事业单位在人力资源培训方面存在明显的规范化不足问题，这在一定程度上影响了培训的实际效果。首先，在培训的前期筹备阶段，事业单位往往未能充分重视培训需求分析的重要性。有时，对培训需求的调研仅停留在表面，甚至缺乏必要的调查和分析，这导致了培训与需求的错位。其次，在培训的具体实施过程中，缺乏有效的监督机制。培训过程中出现的问题难以及时得到反馈和纠正，使得许多培训活动浮于表面，未能达到预期效果。例如，一些公费考察项目在缺乏有效监督的情况下，可能演变为公费旅游，失去其应有的培训价值。最后，在培训效果评估方面，现有的评估体系主要集中在对培训内容的考核上，而忽视了对员工培训后实际工作表现的提升情况的评估。这种单一的评估方式不利于培训成果的转化，也无法有效促进组织目标的实现。

四、绩效考核过程及效果尚不理想

绩效考核是人力资源管理的一个关键环节，员工的绩效与组织目标的实

现紧密相关，绩效考核的结果又对管理活动的调整提供方向。目前我国事业单位人力资源的绩效管理还存在一些问题亟待解决。具体如下：

（一）绩效考核过程存在形式化

事业单位对员工绩效的考核往往仅局限于部门内部范畴，其公开程度相对偏低，缺乏有效的外部监督机制，这种情况使得部分员工或领导对绩效考核的重视程度有所欠缺，从而难以确保绩效考核的规范性和公正性。此外，在事业单位绩效考核的实际操作中，不合格的情况鲜有出现，绩效考核往往流于形式，难以真实反映员工的实际绩效表现。

（二）绩效考核标准缺少科学性

鉴于事业单位工作的多样性和复杂性，许多任务难以直接量化和衡量，使得对员工工作效率的评估变得尤为困难。在人力资源绩效考核方面，事业单位往往缺乏明确的、细化的评估标准，大多依赖于笼统的等级划分，如优秀、称职、基本称职和不称职。尽管考核内容涵盖了工作的各个方面，但评价标准多为定性描述，缺乏科学的量化手段，导致考核结果的主观性较强。这往往依赖于绩效考核小组的经验和判断，难以确保考核过程的精准控制，也难以保证考核结果的客观性和准确性。因此，当前的绩效考核体系难以全面、真实地反映员工的实际工作成效和存在的问题，需要进一步完善和优化。

（三）考核结果不能有效利用

绩效结果的合理利用是绩效考核的核心追求与关键所在。然而，当前事业单位在人力资源绩效考核结果的运用上尚存不足。首先，在激励效果上，考核结果并未充分展现其应有价值。公共部门在考核结果应用时，往往仅对优秀和表现欠佳的员工进行评定和反馈，而对中等绩效的员工缺乏足够的关注与激励，导致许多公职人员对考核结果缺乏足够重视，难以激发其工作动力。其次，优秀员工评定机制亦需进一步完善。当前，事业单位在评定优秀员工时，常采用固定比例的方式，这导致实际绩效不佳的部门中表现相对较好的员工获得优秀评定，而实际绩效出色的部门中更为突出的员工却可能被忽视。因此，优化绩效考核结果的运用和优秀员工评定机制，对于提升事业单位人力资源管理效能至关重要。

五、薪酬管理问题突出

公职人员的薪酬水平与其工作热情和积极性之间存在显著关联。缺乏合理且令员工满意的薪酬体系，易导致职业倦怠现象的产生，从而影响公职人员的工作表现。相反，当员工对薪酬感到满意时，他们的工作热情和积极性将得到有效提升，从而更加出色地完成本职工作。目前，我国事业单位在薪酬管理上面临着较为突出的问题，这在一定程度上给公共部门的人力资源管理带来了挑战。

（一）总体薪酬水平较低

随着国家经济总量的稳步增长与社会全面进步，国民生活品质与标准持续提升。在此过程中，事业单位人员的薪酬收入水平虽有所上升，但相较于体制外各行业，无论是在薪酬基数还是增长幅度上，均呈现相对较低的状态。在当前人才流动以市场需求为导向的环境下，事业单位的薪酬水平在吸引人才流入方面缺乏足够的竞争力，这可能会削弱人们加入事业单位的意愿，并导致部分已在事业单位工作的员工因追求更优机会而选择离职。人才储备的匮乏与现有人才的流失，无疑对事业单位的持续健康发展构成潜在风险。

（二）薪酬区分度较小，存在“平均主义”

绩效考核作为公职人员薪酬管理的重要环节，应准确反映员工的工作表现和实际贡献。然而，目前许多事业单位的绩效考核机制流于形式，未能真正体现工作人员的努力和付出。薪酬制度在事业单位中普遍缺乏差异化，存

在显著的平均主义倾向，薪酬的确定往往仅依据职务和职级，绩效考核对薪酬调整的影响微乎其微。这种状况使得事业单位的薪酬体系更多地体现了职位等级，而非员工能力的差异。薪酬的平均主义现象导致事业单位工作人员的努力与薪酬之间缺乏直接联系，形成了“工作成果与回报不匹配”的困境，不利于激发员工的工作积极性，进而影响整个部门的工作效率和创新能力。

（三）地区、行业间薪酬差异大

自《中华人民共和国公务员法》正式颁布实施后，公务员工资体系经历了一次深刻的改革，实现了津补贴标准的统一，摒弃了复杂多样的工资发放形式。目前，事业单位人员的薪酬结构主要由基本工资与津补贴两部分组成，此举显著提升了薪酬体系的统一性和透明度。然而，事业单位薪酬在横向层面仍存在显著差距，这是当前薪酬管理面临的一大挑战，具体体现在地区、部门以及上下级机关之间的薪酬差异上。

鉴于我国地域辽阔，不同地区和行业间的差异显著，生活成本及环境条件差异较大。当前公务员工资制度的调控力度尚显不足，导致各领域公务员薪酬失衡现象突出。特别是东部与西部、沿海与内陆地区，因经济发展水平差异，公务员薪酬差距明显。各地区事业单位的薪酬管理策略各异，部分地区和行业薪酬模式趋于集中，导致员工薪酬调整缓慢，可能影响其工作积极性及生活质量；而部分地区和行业薪酬模式较为松散，薪酬管理不规范现象时有发生。

随着我国经济政治体制改革的不断深入，财政收入分配制度亦在持续优化调整。当前，事业单位现有的薪酬模式已难以适应各地区和行业间的快速发展需求，迫切需要从各地区、各行业的实际情况出发，制定符合实际的薪酬制度，以更好地满足事业单位的发展需求。

第三节　行政与人力资源管理的持续改进与创新

事业单位的人力资源管理效率与行政效率紧密相连，其效能的提升对于推动公共管理目标的实现至关重要，这也是社会政治经济发展的客观需求。当前，尽管我国事业单位人力资源管理体系已有所改进，但仍存在一系列待解决的问题。鉴于此，我国事业单位在人力资源管理实践中，必须顺应时代潮流，积极应对挑战，努力克服各种困难，不断优化和完善管理的各个环节，以确保人力资源管理效能的持续提升。

一、进一步加强数字化建设

数字化建设是目前事业单位人力资源管理转型的重要任务。在现代信息技术飞速发展的大环境下，我国事业单位的人力资源管理已部分融入数字化，但距离实现数字化转型还有一段距离。因此，进一步加强数字化建设是事业单位人力资源发展的必由之路，是提高工作效率、优化管理过程的客观需要。进一步加强数字化建设可以从以下几个方面着手：

（一）做好人力资源数字化转型的整体规划

事业单位人力资源管理的发展变革，必须以整体战略目标为核心驱动力。在数字化转型的浪潮中，这一原则同样适用。事业单位应以自身发展的战略目标为基石，制定切实可行的人力资源管理数字化转型整体规划，并不断完善数字化组织架构，确保数字化技术能够全面、科学、系统地融入事业单位人力资源管理的每一个环节，从而保障数字化转型的顺利推进。同时，在应用大数据、云计算、区块链等数字化技术时，还应充分考虑其实际适用性，确保技术的选择与人力资源管理的实际需求相匹配。

（二）加强对事业单位公职人员的数字化培训

在事业单位人力资源数字化转型的推进过程中，构建一支具备高度专业素养和数字化能力的人力资源管理团队至关重要。这不仅是为了加强事业单位的管理效能，更是为了发掘、培养与吸纳人才，确保部门的稳健与可持续发展。因此，我们需要强化对人力资源管理部门的数字化技能培训，使之能够紧跟时代步伐，满足数字化管理的需求。

在公共部门人力资源管理的数字化转型中，虽然人力资源管理部门扮演着至关重要的角色，但具体的实施和推进仍需全体员工的共同努力。因此，还需对员工的数字化技能进行系统培训，提升他们的操作能力和实践水平，确保数字化人力资源管理的各项措施能够得到有效执行，从而推动整个部门的数字化转型进程，实现既定目标。

（三）注重对人力资源数据的精细化管理

数字化技术的核心价值在于其数据信息在具体应用中的实际效益。因此，实现人力资源数据的精细化管理是数字化转型不可或缺的一环。这一管理模式的推进，旨在将线上线下的人力资源工作流程有效融合，推动人力资源管理向智能化、精细化方向迈进。然而，当前人力资源管理部门在信息处理过程中，对有效数据的应用尚显局限，且结果输出较为单一，难以满足精细化管理的全面要求。因此，需借助数字化技术，更深入地了解员工素质能力等情况，为智能化岗位的精准适配提供有力支撑。同时，借助精细化的信息数据管理，在决策层面发挥更加重要的作用，为组织的长远发展注入新的动力。

二、进一步优化人员流动管理

合理的人力资源流动对于维护组织秩序、提升组织效能具有关键作用，并能有效改善组织氛围和文化，为组织目标的实现提供坚实的人力支持。鉴于此，事业单位为实现人力效能的最大化，应当规范和完善相关的机制、政策及措施，进一步优化人员流动管理，确保人才与岗位的精准匹配。

（一）加强人员流动机制创新

1.人力资源流动监控机制创新

人力资源流动监控机制是一种基于价值评估和制度约束的体系，旨在推动事业单位人力资源流动的科学化、合理化和规范化。在构建和完善这一机制时，既要确保公职人员拥有明确的、适宜的流动路径，又要实施恰当的、有效的流动管理，以保障事业单位人力资源的高效利用和有序流动。

2.人力资源流动协调机制创新

人力资源流动的协调机制创新应聚焦于以下几个方面：首先，必须提升事业单位在人力资源流动协调方面的权威性。这种权威性源于公职人员对协调行为的高度认同和积极配合，因此，确保协调行为的可信度和权威性至关重要；其次，需要构建有效的利益引导机制。鉴于公职人员作为经济行为主体的属性，其追求更优岗位和待遇的行为属理性范畴。事业单位应通过协调机制，既保障整体队伍的稳定性，又充分尊重部分公职人员的合理流动意愿；最后，需建立健全精神引导机制。对所有公职人员实施职业道德教育和职业生涯规划指导，以培育其正确的人生观、价值观和职业观。对于部分过分追求利益而提出流动意愿的公职人员，应积极引导，并在必要时进行思想教育，帮助其深刻理解工作职责与宗旨，从而进行更为科学的职业生涯规划。

（二）加强人力资源流动的过程管理

在事业单位人力资源的流动管理中，应实施选人、用人、育人和留人的全过程一体化策略。第一，需深化对人才招聘、教育培训、绩效考核、薪酬福利等人力资源管理活动配套政策的研究与构建，确保为人力资源管理提供坚实的政策支撑，切实推动人力资源的合理配置。第二，逐步健全事业单位人员流动机制，构建开放、竞争、有序、规范的人才市场体系，推动人才资

源的市场化配置。在此过程中，应充分发挥信息化的作用，优先发展无形市场，促使人才市场逐步向网络信息型市场转型，进而增强人才市场的辐射与服务功能，实现人才交流、人事代理、人才培训、人员流动等工作的专业化、规范化。第三，强化对人才市场的宏观调控与监督，规范市场秩序，营造公平竞争的市场环境，以满足事业单位在不同发展阶段对人才资源的多元化需求，确保事业单位人力资源配置的合理性与高效性。

（三）推动人员的内部流动

事业单位人员的内部流动是激发人才潜能、优化资源布局的重要手段。在人员流动过程中，坚持采用竞争上岗和定期轮岗的策略，确保有能力、有潜力的个体得到展现才能的机会，并激发他们的工作热情和创新能力，从而推动组织目标的实现。同时，坚持以内部人才为主体，积极发掘并培养他们的专业优势。由于不同岗位具有不同的职责和要求，实施定期轮岗，使人员能够在不同岗位上学习和掌握不同的技能和知识，了解整个公共部门的运作流程。这不仅有助于提升员工的综合素质，还能增强组织的灵活性和适应性，提高整体工作效率，并加强事业单位的内部凝聚力和团队合作精神。

三、进一步提升培训质量

事业单位的发展水平归根结底取决于员工素质的高低，而培训是激发员工的智力与潜能、改变员工在工作中欠缺的态度与技能，从而提高工作效能和效率的重要手段。因此，进一步提升培训质量，既是事业单位发展的必然要求，也是事业单位人力资源管理的优化方向。

（一）转变培训开发观念

一方面，事业单位必须深化对人力资源培训的认识，将其视为组织持续发展的驱动力，并将其纳入工作的常规流程。培训不仅是量的积累，更是质

的提升，通过不断培训，事业单位人力资源管理能力必将迎来质的飞跃。因此，事业单位需制定明确的培训计划，结合员工的个人发展需求，开展长期与短期的培训活动，以提升员工的专业技能和职业素养，从而优化整个事业单位的工作效率和质量；另一方面，员工自身也需转变对培训的认知。部分员工可能持有消极态度，认为培训是额外负担或浪费时间。然而，为了提升事业单位的整体效能，员工必须认识到培训的重要性。培训不仅能够帮助员工提升个人能力，还能够拓宽其职业发展道路，实现个人与组织的共同发展。

（二）强化培训需求分析

培训需求分析是事业单位人力资源培训流程的首要环节。作为连接组织战略与培训实施的关键桥梁，科学严谨的培训需求分析不仅可以促进组织目标的实现，还能助力公职人员个人的职业成长，并有助于识别培训难点和查找绩效差距的原因。

为提升培训质量和效果，我们必须深入了解事业单位员工的个性化需求，并根据他们的性格特点和职务级别制定有针对性的培训计划。同时，培训内容需要紧密结合实践，既要涵盖政治理论、政策法律知识和道德素养，又要强化专业技能的提升。此外，建立有效的培训反馈机制也至关重要，它可以帮助我们更好地了解员工的培训需求，并收集他们对培训活动的意见和建议，以进一步完善培训体系。

（三）重视培训结果的评估考核

构建一套严谨而科学的评估体系，对于准确衡量培训效果至关重要。在评估过程中，除了传统的卷面测试外，还应引入更多元化的评估方法，如调查问卷、面谈以及模拟测试等。这些评估手段将结合权重计分法，确保评估结果的全面性和准确性，避免仅凭卷面成绩作出判断的局限性。此外，评估体系还需覆盖培训过程中的各个环节，包括对培训经费使用的审计和效益评估，以便为未来的培训活动提供有力的参考和依据。

四、进一步完善绩效管理

定期对员工进行绩效考核是保证组织顺利运转的关键，科学成熟的绩效管理对事业单位提高效率、实现目标起着重要的保障作用。根据当前的发展情况，可从以下方面进一步完善公职人员的绩效管理：

（一）推进绩效管理的法治化建设

随着社会经济的持续发展，事业单位的人事制度亟待改革与完善。为此，政府相关部门应在《中华人民共和国公务员法》的指引下，积极深入研究并拟定更为全面、详尽的人事法规，这些人事法规应全面涵盖事业单位绩效管理过程的各个环节，确保法规的系统性和完整性。此举将有助于推进事业单位绩效管理的法治化建设，促使公职人员更加重视并准确理解绩效管理的核心意义。只有当公职人员在思想上对绩效管理给予充分重视，并在实践中正确把握其效用，才能充分激发其主观能动性，进而确保绩效管理工作的有效实施和最大效能的发挥。

（二）制定科学、细化的考核标准

绩效考核标准的设定是绩效考核工作顺利进行的基石，它必须科学、合理且易于操作，以确保考核工作的实效性。制定绩效标准应坚持公平、公正、公开的原则。在具体操作中，对于公职人员的绩效考核，可围绕德、能、勤、绩、廉五个维度进行，但鉴于公职人员职位、职责和工作特性的差异，这五个维度的具体要求应有所区分。因此，在制定绩效标准时，需要避免一概而论，应深入了解公职人员的实际情况，制定符合其特点的个性化标准。同时，要根据岗位需求，合理分配各考核维度的权重，体现标准的灵活性和适应性。此外，还应将定性与定量考核相结合，互为补充，确保对公职人员的绩效进行全面、准确的评价。

（三）运用科学的考核方法

绩效考核评估的基石在于根据既定标准对事业单位工作人员进行全面、系统的考核。当前，众多事业单位在考核方法上仍依赖于传统的纸质版表格，这在信息化迅猛发展的当下已难以满足实际需求。为了提升考核的效率和准确性，有必要将现代信息技术、互联网技术与绩效管理深度融合，采用先进的信息系统来实施绩效管理。此举不仅能规范绩效管理流程，还能减少错误发生的可能性。因此，在绩效考核过程中，事业单位必须紧密结合实际情况，积极引入更多先进、科学的考核方法，以确保工作人员绩效得到全面、客观的评估。

（四）注重绩效考核的具体运用

为确保绩效考核制度真正落地，必须聚焦其在实际工作中的实际应用，并将其视为事业单位吸引和留住人才的重要工具，以及人事决策的关键依据。一方面，绩效考核不应被简单地视为应付上级检查的形式主义，也不应作为部门形象展示的附加品。绩效考核与绩效管理必须紧密结合，管理人员需秉持严谨态度，依照既定标准，确保绩效考核制度的有效实施；另一方面，要进一步完善考核结果的激励机制，提升绩效考核的驱动作用。一个有效的激励机制对于促进绩效考核具有不可忽视的作用，通过优化激励机制，能够使事业单位的绩效考核工作更高效、更具实效性。

五、进一步建立健全薪酬管理体系

薪酬制度是事业单位激励机制的关键构成，其完善程度与事业单位的行政管理效率紧密相连。为推进事业单位的持续健康发展，深化薪酬管理制度改革，构建健全且有效的薪酬管理体系尤为必要。在构建薪酬管理体系的过程中，务必遵循公平与效率并重的原则，从薪酬结构的优化、激励机制的完

善、薪酬制度的健全以及公共福利的增强等多个维度进行综合考量与改进。

（一）对公职人员的薪酬结构进行调整

国家为确保地方经济与社会发展的动态平衡，赋予地方政府对工资调整的自主权。然而，为稳定整体薪酬水平并保障其合理性，中央政府在将薪酬管理权限下放至地方的同时，也需承担起对地方薪酬体系的全面把控职责。具体而言，中央政府需对地方政府制定的薪酬制度进行严格审核和监管，以确保各项规定符合国家法规和政策导向。

为进一步优化公务员的待遇和福利，除基本工资外，津贴和补贴的发放也应纳入规范化、透明化的管理轨道。这不仅能够提升公务员的工作积极性和满意度，还有助于建立公正、公平、公开的薪酬体系。

同时，为了在全国范围内实现薪酬管理的统一化和标准化，有必要建立起一套全国性的补贴项目体系。这一举措将有助于规范各地的补贴发放行为，消除地区间的不合理差异，并最大限度地压缩“灰色收入”的生存空间，从而维护公务员队伍的纯洁性和稳定性。

（二）重视激励作用，构建多层次的激励机制

1.实施职能工资制，推动公务员提升公共服务意识

职能工资制将公务员的工作能力与基本工资和奖金直接挂钩，来强化“付出必有回报”的价值观，鼓励公务员坚信“付出越多，收获越丰”的理念。职能工资制由职位工资和能级工资构成。职位工资根据工作评价结果确定，综合考虑工作量、工作压力、任务难度等因素。而能级工资则根据公务员的工作能力、经验和管理能力等级来评定。然而，由于评定过程需要定时定量进行，且随职位调整而变化，增加了评定难度和不确定性，同时也增加了评定工作量。

2.建立工作成绩与绩效工资的紧密联系，激发公务员的工作热情

为深化对绩效工资的认识，在工资体系中适度调整固定工资与绩效工资

的比重，将收入重心向绩效工资倾斜。当公务员在日常工作中表现卓越和业绩出色时，其绩效工资在相同条件下将占据优势，从而激励公务员提升工作积极性，提高工作效率。

（三）对薪酬制度进行合理化调整

薪酬制度的调整应当遵循科学、合理的准则，既要防止薪酬差距过大带来的社会不公，也要避免过度平均主义削弱激励效果。首先，在制定薪酬标准时，必须全面考虑当地的经济发展水平和财政能力，确保公职人员的薪酬与地区经济状况相协调。其次，薪酬的增长应基于工作业绩，使工作绩效成为薪酬体系中的重要考量因素。这样有助于公职人员转变工作态度，增强工作动力，形成积极向上的工作氛围。在绩效与薪酬挂钩的制度下，公职人员将更加积极进取，有助于其个人职业生涯的发展，同时也有利于提升组织的整体绩效。此外，对于偏远地区和基层公职人员，在薪酬调整时应根据实际情况给予合理的倾斜。

（四）建立健全公共部门福利制度

在事业单位的整体运营中，福利制度是其薪酬管理体系的关键环节。为确保事业单位的稳定运作与良好发展，构建一个健全的福利制度至关重要。首先，应整合并简化公职人员的非工资性补贴项目，以消除当前补贴项目繁多、不透明且发放形式多样的弊端，推动福利发放的规范化、透明化和货币化。其次，必须建立并强化事业单位的财务中心制度，加大对预算外资金的监控与管理力度。财务制度的不完善和监管的不到位，容易引起事业单位滋生“小金库”现象，这不仅影响公职人员的职业道德，也损害公共部门的公信力。因此，加强资金的监管和合理使用，对于维护事业单位的良好形象和健康发展具有重要意义。

参考文献

[1]夏书章，行政管理学[M].广州：中山大学出版社，2018.

[2]赵晓红，藏钧菁，刘志韧.行政管理与人力资源发展研究[M].长春:吉林人民出版社，2021.

[3]张利勇，杨美蓉，林萃萃.人力资源管理与行政工作[M].长春：吉林人民出版社，2021.

[4]萧鸣政.公共部门人力资源开发与管理[M].北京：北京大学出版社，2016.

[5]梁雨钝.数字经济浪潮下的人力资源管理数字化转型[J].中国人事科学，2021（8）：38–49.

[6]章小波.公共部门人力资源管理[M].广州：广东人民出版社，2017.

[7]包国宪，刘强强.地方政府绩效管理制度持续发展的路径研究[J].北京理工大学学报（社会科学版），2021，23（2）：81–91.

[8]钟晓华.行政管理专业导论[M].北京：中国农业出版社，2021.

[9]郭旸.人力资源数字化转型的困局与价值[J].中国外资，2021（16）：10–11.

[10]高原.新公共管理视角下的公共部门人力资源管理探究[J].中国集体经济，2021（31）：107–108.

[11]戴维·罗森布鲁姆，罗伯特·克拉夫丘克.公共行政学：管理、政治和法律的途径[M].5 版.张成福等译.北京：中国人民大学出版社，2002.

[12]薛晓辉.事业单位人力资源开发与管理[M].北京：化学工业出版社，2011.

[13]武文斌.浅谈事业单位人力资源管理中的绩效考核与薪酬管理[J].财经

界，2022（16）：158–160.

[14]张慧明.数字化时代下的人力资源战略与人事管理创新[J].老字号品牌营销，2024（10）：97–99.

[15]李双."互联网+"时代下人力资源管理的新趋势研究：以事业单位人力资源管理为例[J].中国市场，2021（29）：189–190.

[16]李志，潘丽霞.公共部门人力资源管理[M].重庆：重庆大学出版社，2019.

[17]吴小立，唐超，人力资源管理普通高等学校应用型教材（培训与开发）：理论方法及实训[M].北京：中国人民大学出版社，2021.

[18]吴颖群，姜英来.人力资源培训与开发[M].北京：中国人民大学出版社，2019.

[19]蒋国宏.国家公务员制度[M].2版.北京：首都经济贸易大学出版社，2021.

[20]高丹，安仲文.行政管理学[M].4版.大连：东北财经大学出版社，2021.

[21]徐双敏，李明强.行政管理学[M].北京：中国人民大学出版社，2020.

[22]肖锦娜.以人力资源管理赋能事业单位行政管理工作[J].人力资源，2024（06）：1–3.